POESÍA COMPLETA
(1958-1980)

Selecciones Austral

Retrato del poeta, por el pintor José Lucas

MIGUEL FERNÁNDEZ

POESÍA COMPLETA
(1958-1980)

PRÓLOGO DE
GUILLERMO DÍAZ-PLAJA

ESPASA-CALPE, S. A.
MADRID
1983

Edición especialmente autorizada para

SELECCIONES AUSTRAL

© Miguel Fernández González, 1983

© Espasa-Calpe, S. A., Madrid, 1983

—

Diseño de cubierta Alberto Corazón

—

Depósito legal: M. 41.087—1982

ISBN 84—239—2109—3

Impreso en España
Printed in Spain

Acabado de imprimir el día 3 de enero de 1983

Talleres gráficos de la Editorial Espasa-Calpe, S. A.
Carretera de Irún, km. 12,200. Madrid-34

ÍNDICE

POESÍA COMPLETA (1958-1980)

I

CREDO DE LIBERTAD

1958

I

II

DOS SALMOS DE ACEPTACIÓN

2

SAGRADA MATERIA

1967

I

3

JUICIO FINAL

1969

I

5

ATENTADO CELESTE

1975

I

PAISAJE PRÓXIMO A SIDEL

6
EROS Y ANTEROS
1977

7

ENTRETIERRAS

(Abril-Mayo, 1977)

I

9

EL JAZZ Y OTROS ASEDIOS
(Febrero, 1978)

y 10

TABLAS LUNARES
(1980)

I

GALERIA DE EXVOTOS

II

LAMENTACION DE DIONISIO

III

TABLAS LUNARES

Primer interludio

Segundo interludio

PRÓLOGO

La personalidad literaria de Miguel Fernández presenta rasgos de singularidad desde la raíz misma de su contorno biográfico. Melillense, nacido en 1931, el ambiente en que se mueve con emocionante fidelidad toda su vida, lo sitúa en un ámbito cultural especialísimo (¿medio andaluz, medio africano?) aunque su obra no trasciende color local, ni pintoresquismo de frontera. Por el contrario, una cierta «asepsia» le impide (salvo en algunos textos muy escasos) apoyarse en una realidad más o menos precisa, pero, en ningún caso, folklórica.

Y quiero subrayar todo esto, porque quien firma este prólogo realizó también esta experiencia vital en los años de la adolescencia, y bien puede decir que aquella noción fronteriza se le quedó en el alma, y acaso ella explique una parte de su vocación de trotamundos, su específica receptividad para el mundo africano que ha recorrido a lo largo de su vida, desde Marruecos, Gambia y Senegal, hasta Túnez, Egipto, Etiopía, Kenia y Uganda: mundo de olores grasos y de policromías luminosas.

Por otra parte, inciden en Melilla realidades culturales muy específicas, ya que en su pequeñez geográfica actúa de bastión de frontera y puesto avanzado de Europa, desde el siglo XVI, y ahí sigue, impávidamente, dando sentido a todas sus actitudes vitales y a su vocación cultural, alentada por iniciativas políticas como la de los «Premios de Poesía Ciudad de Melilla» en cuya concesión he tenido el honor de participar reiteradamente.

Quiero decir, con ello, que aquella ciudad chiquita y provincial que yo conocí de adolescente, se ha mantenido impávida como una torre de vigía, que ha alumbrado vocaciones literarias y ha creado una conciencia cultural sobremanera interesante.

En ese singular caldo de cultivo ha crecido la vocación temprana del poeta Miguel Fernández, que, sin moverse de su ángulo roquero, ha ido abriéndose paso a través de sucesivas distinciones literarias

*como el Premio Adonais (1966), el Premio Nacional de Literatura
(1977) y últimamente el Premio Ciudad de Melilla (1982) con el que
el poeta devuelve a su origen los laureles que supo ganar.*

*En su ángulo recoleto, pues, Miguel Fernández rodeado de sus
libros y de sus sueños, ha ido trazando un ya copioso itinerario lírico;
diez volúmenes hasta la fecha, que suponen un cuarto de siglo de
tenaz trabajo poético.*

*En este punto, y bien merecidamente, «Selecciones Austral» ha
resuelto incorporar su nombre a su prestigioso catálogo. Acompa-
ñarle en este trance ha sido, para mí, un honor tanto como una alegría.*

*Ofrezco, pues, un itinerario poético rico en singladuras y calidades,
que, en conexión con la brújula del cambio de los gustos y de los
tiempos, permite al prologuista pasar revista, bien que esquemática-
mente, a una serie de programas y de realizaciones que pueden
situarse, a todo honor, dentro de la poesía española contemporánea.*

*Paso, pues, al examen cronológico y pormenorizado de esta ya
extensa obra, con la esperanza de que su estudio contribuya a clari-
ficar el perfil de uno de los más considerables poetas de la España del
siglo XX.*

Credo de libertad (1958)

¿Cuál es la situación estética colectiva desde la que inicia
Miguel Fernández su obra? Cuando publica, en 1958, *Credo de
libertad,* se ha producido ya el gran aluvión lógico después de la
guerra civil, de una literatura más bien tendiendo a lo popular: la
poesía social, que aparece confusamente pero sin duda certera-
mente, como una especie de reacción secreta contra el medio
ambiente político de la posguerra. Una de las maneras de eludir,
de evadirse de una cierta mitología política que se enlaza con el
mundo de «Garcilaso». Toda la poesía neoclásica de los años 40,
41, 42, va a ser sometida a un duro análisis por la poesía social.

Es un intento de escapar de esta poesía minoritaria; pero es un
intento también fallido. Evidentemente, el poeta que hace poesía
social, no tiene más remedio que confesar que esa poesía de
intención social en la que se habla del sudor del obrero, y de la
alpargata del campesino, no les interesa nada a las masas que
prefieren leer *Los Tres Mosqueteros,* o una novela de aventuras.

Por una razón de fatiga histórica, esta etapa de la poesía social
va declinando, y surgen una serie de actitudes poéticas que todos
conocéis, como —el neobarroco veneciano o algunas otras formas
de restablecimiento de otras fórmulas retóricas.

Cuando Miguel Fernández lanza su *Credo de libertad,* nos encontramos con un poeta que renuncia, al menos aparentemente, a esta actitud de poesía social, que llegó a extremos tan ridículos, como el de que, en una antología de poesía contemporánea, se suprimiera el nombre de Juan Ramón Jiménez; sino que, lo que hace, es abrirse camino entre la problemática de este mundo social, para reclamar lo que el poeta lírico debe resolver por encima de todo: su expresión íntima, su expresión vital de dentro afuera. La actitud es una actitud sollozante, expectante de petición, que el poeta refleja con una idea que se repite en algunos de sus poemas; es el concepto de «sed».

Pero, lo que da originalidad a este concepto inicial es el hecho de que se trate de una «sed necesaria», por lo que el poeta la demanda, la «exige» como una urgencia del ánimo en tensión.

> Miráis con la pureza por el amor del sol
> y yo os bendigo con todas las fuerzas heredadas
> del dios que en su soplo hizo crecer las rosas
> y perpetuó un rayo congelado en los volcanes
> pero nunca en mi sed,
> por eso os pido un vaso colmado de sed,
> para que en la nueva experiencia,
> vea mi nombre unido al hermoso fuego que alumbra los valles
> donde alzáis una copa de plata a mi salud.
> Yo os pido la salud de mi libre designio,
> para que un día seamos fuego de nuestras ruinas
> y sintamos esta terrible sed.

Y en otro lugar,

> ... descubrimos que el corazón es libre
> en la paz, que el amor nos hacía
> radiantes, sencillos como el agua
> y la libertad era ese amor...

Interesante este doble juego conceptual que aparece en el título del primer libro de Miguel, *Credo de libertad;* por otro lado, es una realidad fervorosa: la palabra «credo»; lo indica.

Recordemos que este, es el mismo concepto que aparece en la comunicación de D'Ors, en el Congreso de Filosofía de Heidelberg en 1911, que se titula «Religio est Libertas» —«la religión es la libertad»—; una manera de ascender a la libertad.

El poeta intenta comunicar con el mundo, amparado por su sed, amparado por su ansia; y este primer libro, que es un libro muy hermoso (que se ha reeditado, 1979 en la colección «Rusadir»), nos abre una serie de caminos.

Porque aquella fe inicial se desgrana sobre una realidad hermosa y diluida, la del mundo visible y concreto, que se hace visible en la realidad vegetal («La cosecha») o telúrica («La llanura»), intenta fundirse con la miseria circundante («Los mendigos») de suerte que todo ello convierte el mundo en una presencia universal, mensajera de una realidad invisible, que sólo alcanza virtualidad concreta dentro de una difusa imaginería religiosa, como la que apunta en su poema *Niño celeste*.

Sagrada materia (1966)

Pero Miguel nos va a acostumbrar enseguida a otra constante dinámica de su expresión poética.

En 1966 publica *Sagrada materia*, en la cual aparece un concepto que a mí me es muy caro, y creo que importante: es la poesía culturalista. Es el tema de mi Discurso de Ingreso en la Real Academia Española.

En síntesis, el tema es el siguiente:

Una persona cultivada, una persona que tiene el hábito de la cultura, puede producir una poesía lírica de fondo cultural. ¡Cuidado! No estamos hablando de poesía didáctica; no estamos hablando de poesía pedagógica. Lo que pasa es que la vigencia íntima de un poeta formado culturalmente, se nutre de la cultura.

Pero no por pedantería, no por exhibir saberes, sino porque de su corazón surgen elementos estéticos que sirven a la intención lírica; que sirven a la intención más profunda, la de la intimidad del poeta, y entonces se puede hacer poesía culturalista, (en mi Discurso de Ingreso hay centenares de ejemplos), y en que un tema musical, un tema pictórico, pueden servir de base. (¿Es que en el momento que Manuel Machado escribe un libro llamado *Museo*, está haciendo una guía del Museo del Prado? No. ¿O Alberti?, tampoco, cuando publica su monumental poema *A la pintura*, en el que nos transporta a la emoción de su sabiduría, su entendimiento de los problemas cuturales.

Análogamente en Miguel se puede hablar de Palestrina, Albinoni, Juan Sebastián Bach, Corelli. «Y si es primavera —dice— alzo un vaso a Vivaldi»

De manera que se incorporan los elementos culturales al elemento lírico sin que por esto, insisto, pueda hablarse meramente, de una poesía de tipo didáctico, educativo o profesional. No tiene nada que ver.

Sobre esto sigue existiendo la palabra. *Sagrada materia,* también nos lleva a una subcorriente religiosa; la palabra «sagrada» es bien expresiva; por ejemplo:

> Nieve hay en las cumbres,
> nieve por Tu mirada,
> por el inabarcable ventisquero de Tu pecho...»

dirigido a Dios.

En realidad, pues, nos encontramos con un poeta que ha empezado a iniciar unas apetencias de tipo «sed», ¿se acuerdan de su primer libro?, para intentar ya una cosmovisión del mundo con una vertiente hacia lo religioso.

Dice, por ejemplo, el poema V de *Sagrada materia:*

> Dicen que fue llegada la hora de la huida
> y andaban todos comprometidos con su sangre.

Es una vivencia histórica, muy melillense, que a mí me parece que tiene un trasfondo histórico vivido; o al menos, narrado a él y que ha recibido de niño y lo que representarían un poco ciertas formas de la cultura, están ligadas a las formas de la emoción colectiva. «Deshabitada escuela del corazón» —sigue diciendo el poeta—, «los papeles aguardan la diaria homilía / de saber de memoria la lección del olvido» (hermosísimo verso éste).

> Y cuando fueron todos a buscarle,
> en la estancia vacía brillaba un solo nombre
> escrito en el oscuro silencio de pizarra.
> Y era el nombre de España.

He aquí pues, que este poeta, lanzado a la metafísica, se interesa también, cada vez más, por su contorno físico; por su contorno entrañable; por su contorno colectivo.

A partir de este momento, observaremos en la poesía de Miguel una intensificación del elemento culturalista, no porque haya unas citas de pintores y artistas, que todavía encontramos, sino en la medida en que el laberinto interior de Miguel, en su laboratorio de alquimista poético, hay cada vez más ingredientes de sabiduría poética. Entonces Miguel entra en una especie (se lo puedo decir a él porque le quiero mucho), de callejón sin salida, en la medida en que va intensificando los elementos de sabiduría

que obligan al lector a una operación de búsqueda demasiado
compleja, corriendo el riesgo de perder humanidad.

Pero, por otra parte, a mí me interesa que en esta actitud de
vigía de la cultura humanística que supone la presencia de la
obra de Miguel en Melilla, hasta qué punto extrema las condi-
ciones didácticas de su presencia; hasta qué punto se constituye
en mensajero de una tradición humanística que va, desde el siglo XV, hasta el XX, y que por lo tanto, es una forma de batir su
propio récord, en el cual el poeta lanza, entrega a sus contempo-
ráneos, todo el mensaje de tradición de la cual se siente de
alguna manera responsable y que debe repartir de un modo generoso; aun a sabiendas de que el público no va a entender. Pero yo
sí, y creo que vosotros también.

Yo sí que entiendo lo que hay de heroico en esto; es un rizar el
rizo de lo cultural, es una entrega de siglos densos de cultura:
conocimientos gongorinos, operaciones barrocas del espíritu.

Hay una barroquización constante e intensificada, que llega
ya en «Eros y Anteros», a ser verdaderamente prodigio de
álgebra poética, de destreza literaria, de sabiduría lírica. En este
sentido, hay una especie de conciencia, de necesidad educadora.
Como por otra parte, hay una porción importante que no debe
ser la más popular de su obra, y él lo sabe, pero de la cual, nosotros tenemos el deber de destacar lo que tenga de lección importante.

Juicio final (1969)

Juicio final, el tercer libro poético de Miguel Fernández, es, a
mi juicio, un juego diversivo. Dueño ya de los resortes de la dic-
ción versal, entregada a la expresión urgente y necesaria de sus
raíces emocionales y religiosas, Miguel Fernández ensaya sus
posibilidades en un ejercicio retórico de grandes vuelos. Para ello
pone en movimiento un despliegue de música; una «teoría» —en
el sentido griego de la palabra que indica «procesión» o sucesión
de figuras—, convirtiendo así el libro en una fiesta ceremonial,
por la que desfilan personajes históricos —historia sagrada y profana— con la noble tiesura de los mosaicos bizantinos de Ravena,
que él evoca en uno de esos desfiles sonoros que constituyen sus
poemas.

El despliegue versal es ya significativo, con un juego de esdrú-
julos que merodean en torno de los acentos dominantes que
escanden en los pies rítmicos de la noble retórica antigua:

> Dulce es el júbilo, el himno de los hombres
> majestuoso salmo que en los labios se orea
> cuando cantando vienen las razas hacia el altar (46).

Sobre este armazón melodioso, y a compás de esta «liturgia» de resonancias históricas, el desfile «procesional» inicia su andadura desde aquel «Primer hombre» que protagoniza el segundo libro:

> Primera criatura dormida a la sorpresa
> eras tú, cuando alzaste la mirada en el bosque.
> Se incorporó tu cuerpo del barrizal ardiendo
> y te naciste sólo con el soplo de Dios (47).

versos en los que el dodecasílabo pone un ritmo de majestad caminante.

A partir de esta etapa inicial, el despliegue continúa hacia los mitos y la historia del mundo antiguo, medieval y renacentista, por medio de alusiones sonoras a figuras ilustres del pasado, por ejemplo:

> Pensarían los nobles que aquel estado iba
> acorde con sus almas
> cuando Felipe, Duque de Borgoña, vistió de negro el cuerpo
> y de negro aterido sus mastines de caza,
> y en negrura opulenta enjaezó sus corceles... (50).

Una evidente intención evocadora, nos sitúa esta etapa en la poesía «culturalista» que yo he intentado definir en mi «Discurso de Ingreso en la Real Academia Española» (1967), justificando la existencia de una conciencia lírica a partir de un estado cultural que inserta unos conocimientos en la intimidad del poeta, hasta el punto de que no se trata de ninguna forma de prosaísmo «didáctico», sino de una realidad fusionada que da un carácter emotivo —y, por ello, «lírico»— a la evocación de mundos poéticos albergados y adentrados en el alma del escritor, todo ello dentro de aquella trilogía de «luxe, calme et volupté» que reclamaba Baudelaire en uno de sus poemas.

> Cuando entonaron las corales al órgano,
> raudos esquiadores fueron trizando nieves
> despojando sus clámides.
> El viento meneaba
> allá, sobre la fiesta, los vestidos nupciales
> y era grato el paisaje por donde Van der Weyden
> inspiró su retablo de siete sacramentos.

> Y el gran maître ordenaba las viandas, prodigios
> del plácido jardín que césares orlaban
> truncando samotracias (53).

De alguna manera, estos versos recuerdan un poco aquel
«latin mystique» que Rémy de Gourmont puso de moda en el
simbolismo francés (léase, «europeo») que gustaba hallar giros
actualizables poéticamente en los códices medievales, así como
aparecen en estos versos de Miguel Fernández:

> Dómine, muerte.
>   Heraldos se santiguan.
> Portan los arzobispos tu código y linaje
> y el pueblo se anonada sobre el atrio llovido.
> Palafreneros tristes van otorgando dádivas
> al romero que sigue su estrella, la henchida calabaza
> de una sed peregrina... (55).

En qué medida, toda esta retórica trasunta un brote rezagado
del posmodernismo español, nos obliga a retener estas caracterís-
ticas estilísticas, como fácilmente habrá deducido el lector.

Monodia (1974)

La quinta entrega poética de Miguel Fernández ofrece, desde
su dedicatoria —«A mi mujer»— un cambio de rumbo.

> Nunca por hombre, más que maniatado
> de mudez anda cauto y algar parece
> su voz jamás sonada en prójimos,
> sino dentro de sí,
> rumiada tempestad.
> Oh el callado de ofensas
> aprieta su discurso y deseara
> clamar en grito, hablarle
> al que parvas aventa y esparcirse
> como polen que vuela (85).

Un proceso de progresiva desnudez parte de la etapa retórica
anterior.

Como ya indica el título del libro, el cante *monódico,* «canto en
el que interviene una sola voz con acompañamiento musical»
(según el Diccionario académico), sustituye al despliegue retórico de la etapa anterior.

Operación difícil que intenta ahondar, hacia lo intenso, lo que era multiplicada —pero acaso superficial— pluralidad temática, como acontece en la sobrecarga de formas expresivas del barroco plástico. Pero ya sabemos que, en el campo de la literatura, junto a enriquecimiento verbal del culteranismo, surge, en jugoso contraste, la intensidad del verbo que coincide con la desnudez conceptista, aun cuando el imán de una tentación escenográfica —en forma muchas veces de alusiones mitológicas de la antigüedad clásica grecolatina—, actúe como contrapunto de un desnudo dibujo lineal.

El poema es, pues, monólogo. La receta gongorina se ahíla en el decir delgado, delicado; es decir, sutil. La estética propende entonces a reducir a la ética.

> Honor que trae lisonja, no redime
> del oprobio, pues ¿quién así marchita la verdad?
> Fuese mudo y dejara huellas nobles,
> aliento de aquel cuerpo blasonado de exvotos,
> mano caliente alzada
> y unos ojos que queman los naufragios,
> la galerna interior.
>
> El disfraz de la pez que apenas luce en pánico,
> no basta, ni el pecho en su retablo
> da bronce a las campanas.
> Silbidos huecos que músicas remedan
> fuera el diálogo,
> y el cantar se impusiera
> al hombre que velando las armas de blasón,
> su estirpe aniquilara
> en esa pobre usanza del verbo que fue signo
> de una hombría de bien (107).

La economía del vocablo se traduce en intensidad expresiva. Al culteranismo sucede, pues, el conceptismo. Y buscando textos que sirvan para el caso, como definición del poeta, estos versos ciertamente expresivos:

> A quien la voz refrena y no le asiste
> más grito que el silencio
> interior,
> y así postrado
> la edad de su denuncia ve pasar,
> lengua de herrumbre, abejorro que punza,
> verbo roto,

porta su engaño y queda en testimonio
y ya él mismo lo cree
y le conforta vivir en paz fingida,
no en palabra caliente
del que exaltando clama aunque le ciegue
ballesta y fiera púa,
herido para siempre el canto en su garganta.

Dime, joven mudez, desenterrado y cálido
conocimiento,
qué lenguaje se aprende
tan sólo con miras
mordiendo las palabras.

Atentado celeste (1975)

Aparecen, también, conceptos de culteralismo en *Atentado celeste* (1975) y buscamos desesperadamente un hito de salida a ese laberinto barroco en que Miguel está metido. Pienso que él va a encontrar su camino por un regreso a lo elemental, el cual no significa abandono o renuncia de ninguna de las conquistas adquiridas; pero por un regreso a las formas elementales de la poesía, alcanzará un hito que al final habrá de compensarnos a todos y espero con interés enorme su nueva producción.

Hay un libro que no veo muy citado por los críticos, *Entretierras*, y en el cual hay un poema que me ha conmovido, «Conversaciones con Hölderlin». Ha escogido a un gran poeta romántico alemán, Hölderlin. Este poeta, sería un poco Europa.

Te escogí, entre los de tu habla,
a ti,
por africano de mesta bien estéril,
a descifrar la cábala que encierran
los versos que por vírgenes,
no fueron nunca hollados...

Me parece que ahí se dibuja el futuro programa de la poesía de Miguel, desde un contexto cultural muy exigente, muy laborioso, muy barroco, muy sabio. Hay necesidad de acudir a pensamientos claros en los cuales no hay renuncias, pero sí hay una prelación expresiva. Él lo dice en el mismo poema de este libro:

Entre el canto y el alma,
mis exégetas sólo adivinaron;
mas fieles a la voz no pronunciadas
quedó truncado el rezo de mi voz.

En esto quiero señalar la enorme conciencia lírica de Miguel Fernández y hasta qué punto se encuentra en una encrucijada decisiva.

No sabemos lo que nos depara el destino; pero sabemos ya lo que ha aportado en la mitad del camino de su vida en la que se encuentra ahora, como Dante al llegar al infierno de la *Divina Comedia*.

Miguel ha terminado una etapa importante, que podíamos llamar de acumulación de fuerzas estéticas, en la cual, corriendo el riesgo de meterse en abismos impenetrables, va a partir de este nuevo escalón, de esta nueva plataforma, para intentar caminos de luz y de poesía en los cuales espero y deseo tranquilo va a producir obras como las que hasta ahora. Y además, con intención trascendente de primer orden.

Eros y Anteros (1976)

La evolución que estamos señalando en el itinerario lírico de Miguel Fernández cobra, ahora, un giro caprichoso e inesperado. Aquel camino que le llevaba a constreñir la expresión —en una tentativa «creo que lograda», dice el poeta— deja paso a una etapa de alguna manera inesperada y crítica. Empezando por el título del libro, que se fabrica de dos conceptos contradictorios: *Eros* (el amor en soledad) *y Anteros* (o el amor compartido).

La segunda novedad sorprendente es la adopción radical y continua de un decir riguroso, actitud que Miguel Fernández presenta muy escasamente en su producción anterior. El libro, en efecto, está todo él escrito en la más cerrada y rigurosa de las formas estróficas: el soneto.

En tercer lugar, maticemos que esta decisión de apariencia férrea y compacta, servida con inquebrantable disciplina, se adopta en su poesía como un «divertimento» de vacación estival. «Dado mi concepto de la fenomenología poética —nos declara Miguel Fernández— considero el libro como una especie de camino vecinal en mi poesía; ha sido, repito, un juego.»

Señalar que la destreza personal del autor se transparenta en esta colección poética con una perfección de escolar impecable, parece obvio. Pero aun moviéndose —como sola libertad— en un juego único, el escritor se permite variar en alternancia de las rimas de los tercetos finales, en un juego verbal que se produce con una habilidad sistemática e implacable. Son, pues, medio

centenar de sonetos, caligrafiados con la perfección de un
maestro de retórica, en contraste con la intención lúdica, de
juego de palabras y de música endecasilábica, que acaba de
declarar como único proyecto de su creador.

A esta sorprendente riqueza de fórmulas e intenciones corresponde, también, por vía de ejemplo, la flexibilidad de la estruc-
tura interna que se permite romper la cárcel rígida del soneto,
procediendo cuando conviene a romper la unidad de cada verso
en la forma que se llama «encabalgamiento», y que consiste en
trazar una línea seguida y sinuosa, por la que el sentido del
poema salta de un verso a otro, rompiendo la unidad de cada
verso, para dibujar una serpentina verbal, como en el caso de los
primeros cuartetos del soneto siguiente:

> Anteros, hijo de Afrodita, pasa
> junto al odre de Naxos, rubio vino
> enlutado.
>   Despójate el albino
> coronante joyel.
>   Tumba en la casa
> la sierva más indómita y amasa
> en ácimas artesas tu destino.
> Hiende el arco la liebre sobre el pino
> abatido del rayo...
>   Huye escasa
> las mies sobre estos prados tan nupciales...

El juego retórico a que se entrega el poeta nos produce
asombro, al observar la capacidad de mimetismo que nos ofrece
en relación con los modelos que adopta, que, evidentemente,
espiga en el siglo XVII español: en Góngora y Quevedo especialmente. Son efectivamente estos patrones los que nos ofrecen un
más perfecto magisterio ya que, tanto del lado culterano como
del conceptista, permiten al modelo ofrecer la lección perfecta
de su propia síntesis expresiva. A la que habría que añadir la
peculiar expresión de lo erótico, juego a que se entrega la poesía
del barroco español cuando (abandonando las evanescencias de
la mujer idealizada del *dolce stil nuovo*) la describe en su realidad
carnal inmediata. Tal fue la aportación por mí descubierta en
1941 en unos de los ensayos recogidos en mi libro *El espíritu del
Barroco*.

Veamos un ejemplo en el que puede advertirse, a la vez, lo que
hay de comprensión estilística barroca y de visión de la mujer
como objeto carnal convertido en materia poética:

A solas deseante en rabia paces
por no morder, hendir lo placentero,
que si en burla te ronda, cerco espero
y paz no haya si haces lo que haces.

En tal guerra y presidio haciendo paces
templan cuerpos su acero en el acero
pues quien antes cedió, gime en su estero
y si luego le sigue muerto yaces.

En tal letargo, carne se condena
y deseante perdición ha sido
rasgar encajes perdonando afrentas.
Germina el vientre su fecunda avena
de espliego cubre herida por vestido
y en sábanas desnuda te aposentas.

Entretierras (1977)

La estremecedora dedicatoria de este libro reza así:

> «*Entretierras*» queda escrito en la
> meditación de la imagen de Ana González
> Cortés, mi madre, ya que ciertamente ella
> no murió, sino yo, su espectro.

Este es un libro sencillo y hondo; estremecido. No le adornan
esas flores de papel de que se hacen los artificios de los poetas.
No contiene juegos retóricos.

Su decir es lineal y, a la vez, profundo. Se inicia como querían
los preceptistas antiguos que ordenaban comenzar, *in medias res*
las descripciones de la epopeya. La noble dama ha muerto. He
aquí la imagen penúltima de la noche en que su sencillo hogar se
convierte en templo de la angustia acongojada:

Queda la sala con la resonancia
de los relojes musicales.
Cubierto el edredón, luces arpegia
que allá el tumulto de los vivos queda
cuando aquí es silencio y un sahumerio
inmola así la estancia a tal meditación.

Cubren los paños tanto desarraigo
y un frutero con limas,
ramos de albaricoqueros
y el ficus trepador sobre sí mismo
es lo que sólo vive

mientras duermes velada sin respiro
y ausente, donde ya la gracia tuvo
otro rostro distinto andando en mocedades
cual el retrato aquel con gargantilla
de turquesas de Ceilán
y un pericón abierto sobre el halda.

Oh quebradizas alas
sostenido
tanto río de pena.
Cuarema eterna sobre las barandas
de la edad del terror, como un zureo
palomar; igual que un alfabeto
velado a quien oyere
las inicuas verdades de la muerte.

Así de simple; así de hondo. Todo el libro es un largo monólogo musitado; una meditación ante una muerte cierta y cercana, que parece casi imposible. Todo está dicho de una manera simple y grave; honda y resignada. Retórica, ¿para qué?

Paseamos los dos al conjuro del agua
hablando de esas tibias verdades encubiertas
mientras blasfema un pájaro en tanta algarabía
porque es bella la tarde y conforta el dosel
que hemos llamado cielo.

Como en la visión poética juanramoniana, después de nuestra muerte «se quedarán los pájaros cantando», en un cielo en que «Dios estaba bañándose en su azul de luceros» como sucedía cuando la «carbonerilla quemada» se consumía en las llamas implacables.

El poeta, a lo largo de su bello y hondo monólogo, enfrenta las dos realidades: vida y muerte. Y la vida está representada por la tierra. Hay algo de amor terruñero, de juego de contrastes que el poeta transporta como elemento constante a lo largo de todo su sollozante libro:

PÁLIDA ARMONIA

Hay soles que anochecen tanta alba
pues de agonía el hombre se libera.
Campo vedado fue el valle de oro
para quien vivo el pasear inquieta
y así apresura el devenir, la gracia
que unge su frente en bálsamos y hurta

más vida a quien contempla y más al polen
la pálida armonía de la rosa.

Tumbado de esplendor levanta el vuelo,
alma y sosiego, muerte bien amada
y yace así en el aire; un mal rocío
que desciende y le hiela la pupila
al pétalo velado, pero es savia
que nutre tales venas de la escarcha
y ese frío mortal húmedo impone.

Este es, pues, un libro sincero y patético, en el que cualquier
juego retórico tendría el acre sentido de una blasfemia. La
muerte es «perfectamente seria» como reza el decir de Antonio
Machado, el meditabundo; y Miguel Fernández lo sabe, y lo dice
con palabra desnuda y lacerante. Veamos, para terminar, uno de
los más hondos poemas de este libro:

CIEGO SOLO

Miro hasta donde llega la mirada
y en ojos queda como herencia hermosa
lo que nunca vedado fuera entonces.
Cuán tácita se queda así la gloria
que es el portento de mirar. Y luego
si la noche se comba, queda siempre
la silueta que el recuerdo viste
y agrada de esplendor y le conforma
pues luz fue antes que la sombra hubiese.

Cómo tu devenir de ciego solo
viaja y se acomoda con el báculo
y en laberinto sin traspiés caminas
al seno acogedor del goce.
                                        Espera
que te acomode con mi mano.
Siéntate aquí, junto a los arriates
donde al menos oler puedes fragancias
que al venero patricio te han llevado.
Oh las pupilas vacuas de su agua.

Dime cómo se muere en tal belleza
vivido en cripta sempiterna y dura
si el lagrimal ya es lava, ya es recinto,
pues quedáronse muertos los colores
y así inventas el mundo que no has visto.

Las flores de Paracelso (1979)

En la trayectoria lírica de Miguel Fernández vamos encontrando cimas y abismos. Son episodios diríamos que «necesarios» en la gran andadura de su obra.

A veces, sin embargo, el lírico se receta «un alto en el camino». *Las flores de Paracelso* son un ejemplo de esta distensión voluntaria en la que la poesía se convierte en juego.

De la misma manera que, en el Barroco pictórico, surge el gusto de los «bodegones» —bastará con que recordemos a Zurbarán—, esa temática la repetirán los poetas que, como aquel delicioso granadino del siglo XVII llamado Pedro Soto de Rojas, escribió un libro encantador, bajo el título de *Paraíso cerrado para muchos, jardín abierto para pocos,* que es un maravilloso conjunto de «cuadros florales».

Análogamente, Miguel Fernández, borda un «divertimento», un juego lírico bajo el signo del «Jardín», que sintetiza en este delicioso poema:

Sobre la tierra yérguese.
Es el jardín.
Tan sólo vive lo que aroma.
No el tallo o cuerpo
y sí el olor del alma
es lo que asciende.

Ese rocío de la escarcha
es gracia, fe no menguada;
bebida ya la sed
del hediondo estiércol que germina.

Raíces tuvo, más secretas fueron
por arcanas, fluyendo bajo tierra.
¿Quién las recordará?

Quedó el ungüento del candor,
gota en el cáliz;
                    flores
que si quemadas, nunca
nos dejaron ceniza;
sí la consumación de la fragancia.

Cuando llegado el trance,
quebrada la vasija
el agua clara ya vertida en bruces
por tierra roja abreve,
tú me reencarnarás.
Jardín del ansia.

Este poema podría ser símbolo de una constante que a mí me parece que tiene un sentido ético: la flor del jardín, la gracia estética de su línea, es un resplandor de la gracia suprema por la que la belleza es un eco de la hermosura de Dios. «¿Quién te enseñó el perfil de la azucena?», le preguntaba a la majestad celeste el poeta Argensola, interpretando esa noción neoplatónica, por la que la belleza del mundo es una resonancia de la perfección divina. Y el hecho alcanza una trascendencia específica en un tema que se repite como una constante en ese breve y delicioso libro.

La belleza de la flor, viene a decirnos, es una consecuencia de la tierra nutricia; la maravillosa metamorfosis del estiércol; el milagro cotidiano que hace surgir la gracia de la miseria pútrida del terruño. Así lo expresa, más claramente, en su poema *Caña*, ejemplo suficiente:

> Lo que fermenta en el mantillo,
> es lo corrupto.
> Mas espere la hoja
> que el fuego avive la entretierra
> y disponga.
>
> La savia de la encina
> ascenderá su trópico
> luego que de esa muerte luz se eleve
> y ya vertida por las torrenteras,
> frutos alumbre...

Del «jazz» y otros asedios (1980)

Este libro poético —novena entrega de su autor— tiene, creo que deliberadamente, una intención marginal dentro de su total producción. Lo cual no implica que sea un libro insignificante.

Por el contrario, es una pieza menor de un *puzzle,* en el que todo tiene su significación. Empezando por la dinámica dispersa del verso libre, que avanza, vertiginoso, en la misma disposición de los poemas neorrománticos de Vicente Aleixandre.

Presentado como unas notas líricas escritas a lo largo de una excursión por el norte de Europa —Holanda, Dinamarca— acusan la sorpresa que se deriva del contraste de sus experiencias cotidianas (en el remoto rincón melillense) con un mundo frenético y amoral en el que el erotismo tiene un sentido y una significación propia, dentro de una catarata de rebeldía que el autor precisa en el primero de sus poemas de una manera precisa: «Mayo del 1968».

Desde este extremo límite de riesgo (el más grave a mi juicio de toda la historia de Europa) el poeta establece una conexión con el *jazz,* como ejemplos correlativos de rebeldía. Así:

> ¿Dónde y por qué la ira?
> Cantan una canción que no entendí,
> mas medito.

> La pálida muchacha de preñez,
> rompe bolsas de agua en el estrado;
> allí desmaya el vientre.
> Y su hirsuta melena se derrama
> en violeta palidez; ojeras;
> gestación mutilada.
> Canción de gesta es
> pues al poder apremian.

El despliegue de un mundo rebelde, tiene también una faceta estética, que el poeta traduce en audaces metáforas, como esa que trasunta el mito de Leda y el Cisne:

> Sobre el ombligo un cisne se humedece.
> Es de coral el pico, mas de rubí la talla.
> En el centro del mundo, carne que así se ondula.
> Y apriétala una mano o un beso la despierta.

> Cae la túnica ajada y ya es emblema el pórtico
> que se anuncia tan pronto Venus sube a su monte.
> Mejor baño no hubiera que aquel que del rocío
> hiela el recinto cálido que reclama sus goces,
> si esponjado su cuerpo, tumba su laxitud.

> Erguida queda.
> Tarde ya.
> Sola en prisión.
> Pues sí percibe
> que violada fuera sobre la hierba húmeda.

En *Del «jazz» y otros asedios* percibimos una oscura multiplicación de luchas interiores, de fuerzas oscuras, que, como los ángeles de Rafael Alberti, gritan, asedian, azotan, amenazan.

Otras fuerzas acusan, sin duda posible, las demoníacas, a los que corresponde irresistiblemente las fuerzas de la negación:

> Pliega sus alas Azrael
> sobre el magma sin flores de este mundo
> tan pronto mengua su labor.
> En su lunada postración, bien duerme
> y ese sosiego es noche.
> Jamás mortal halló cobijo en ella;
> pues si es sueño la muerte, nadie vive,

De alguna manera, se diría que el poeta quiere reducir a un breve manojo de poemas una realidad cósmica combatiente, con una ambición ciertamente temeraria, pero, por ello mismo, admirable. Entonces el poeta se repliega a una soledad, es decir, a la incomunicación absoluta:

> Entierra el paño
> de los viles o oficios;
> narra la historia de los faraones;
> cambia la faz por otra ya riente
> y hondero, abate ya cornejas, raudas
> que cercaron tu patria de osadía.
> El incomunicado del escarnio,
> acércate hacia el borde.
> Contempla así tu tierra.
> Salta al abismo de la mar gritando;
> nadie recuerda ya las profecías.

El libro, ese libro tumultuoso e inquietante, se cierra con el *leit motiv* de su título:

> El *jazz* es creación sobre el concierto.
> ¿Quién, pues, va a dirigir la melodía?.
> ....
> El público se incendia en su alboroto
> y canta.
>   A solas la canción siempre es tristeza
> mas dada en compañía es iracundia.
> Himno se llama la figura,
>   antorcha.
> Y aquél bebiendo un lento alcohol
> yérguese sin saberlo.
> Y precipita
> su enloquecido rostro en la avenida
> de lentos eucaliptos
> donde se inventa el pánico.
>   Noche has sido, oquedad sobre los mártires.
> Calle abatida y juventud luchando.

Una ruina vaga y se detiene
por recoger la música que arpegia.
Banjo mordaz, deshecho por las balas.

Tablas lunares (1980)

La publicación de este libro, décima entrega de la biblio-
grafía poética de Miguel Fernández, cierra el ciclo de los textos
que se ofrecen en este volumen y, al mismo tiempo, puede con-
siderarse como el término de una evolución lírica que abarca un
cuarto de siglo, en el que el poeta despliega una interesante
gama de posibilidades y de realizaciones retóricas de tal suerte
que, en algún sentido, podemos —en una visión conjunta— con-
siderarlo como un importante despliegue en el que coinciden, a
la vez, la unidad de origen y la multiplicidad de los caminos
elegidos.

Analizar este itinerario ha sido la finalidad de las páginas ante-
riores, que, al enfrentarse ahora con la etapa más reciente, permiten trazar una curva de totalidad abarcadora, en la que pueden
dibujarse unas «líneas de sentido» que son, a la vez, programa
vital y experiencia retórica.

La etapa final que vamos a analizar ahora nos da, en efecto, la
noción evidente de que el poeta llega a una situación-límite, en la
que —por la vía de los estilos barrocos— alcanza las cotas últimas
de un proceso de concentración de recursos estilísticos, que van
marcando, paso a paso, el camino del culteranismo al conceptismo. Diríamos de Góngora a Quevedo; o, si queréis, de Aleixandre a Jorge Guillén.

En posesión de todas las maestrías retóricas, Miguel Fernández parece deleitarse en este juego de dificultades crecien-
tes, que se inician en el verso-librismo neo-romántico, de galope
a rienda suelta por la vía versal, y termina con la comprensión de los valores significativos, hacia la contención verbal
y la intensidad expresiva. Como en los poemas guillenianos,
el intento lleva a cimas irrespirables a fuer de perfectas;
porque «todo en el aire es pájaro», grito de éxtasis, relámpago de
luz iluminadora, como bien lo prueba este texto del poeta melillense:

> Cómo remoto, pájaro en custodia
> jaular.
> Si encarcelado plumón,
> si agua y grano, tu libertad aleteas.

> ¿Habrá otras ramas de abedul al fondo?
> No sabes, no, que queda de ese aire
> no volado; tal vez respiro de otros que se fueron
> al rubio candeal de tales céfiros; puede que el júbilo.

Obsérvese, de paso, el juego gongorino, tan usado por nuestro poeta, que consiste en iniciar frases con el condicional «sí» que abre un hueco de irrealidad, que el poeta anula posteriormente.

Este es el tono de la primera parte de este libro cenital, pero difícil, de la poesía de Miguel Fernández, quien conscientemente (¿o no?) raya los límites de lo imposible, y necesita de amplios circunloquios para dar a entender la idea central de sus poemas que, en la segunda parte de este libro, se encuadran en largos conjuntos estróficos. Roza, pues, aquí su inspiración las fronteras de la comprensibilidad, arriesgándose a naufragar en el ancho piélago (y profundo enigma también) de sus «relatos» poemáticos. ¿Para ahogarse, en suma? Recordemos que, como lema de unos de esos juegos poéticos, figuran unos versos de Antonio Artaud: clave de una poesía críptica, deliberadamente oscura: callejón sin salida. Pues bien, en este sentido, nosotros debemos precisar la personalidad del poeta desde su torre solitaria y albarrana; desde su torre de control cultural en donde va emitiendo, va produciendo su obra literaria. Hasta qué punto es un hombre que está al día con los movimientos de la poética española y europea contemporánea, no hace falta que lo diga; y además, se da como cosa sabida.

Pero a mí lo que me produce impresión es, por un lado, la tenacidad del esfuerzo, la producción lineal de su producción en una forma que podíamos llamar de círculos concéntricos; y en la cual, no sé si proponiéndoselo, o por razones de incorporación biológica, van apareciendo en su obra los elementos de enriquecimiento estético. Y, también, las zonas de peligro, pues no hace falta que diga hasta qué punto las tiradas de los libros de poesía son tiradas irrisorias; pero son irrisorias deliberadamente; porque el poeta ha renunciado a hacerse entender de las multitudes. Toda la poesía actual es expresamente minoritaria.

Claro que, consciente de este riesgo (mortal), el poeta practica la fórmula de realizar frecuentes descensos al prosaísmo, como fórmula de contactar con la realidad cotidiana de las cosas. Pero la misma amplitud de los despliegues poéticos de este libro, como, por ejemplo, la que titula *Lamentación de Dionisio*, nos dan testimonio en versos como los que siguen:

No es posible que ya el discurso narre
acontecer que en la justicia viva
ya que ésta la inventas
por ser tan deseada.
Profané tal deseo
yacente en los mercados
y lo oculté del foro,
porque así la semilla fuera lóbrega
y atadas se quedaron las conciencias más nobles
por palabras que, vanas,
para aquellos discípulos que buscaron por siempre
tanta verdad.

Sí. Otra vez la «cima irrespirable»; el riesgo mortal de la incomunicación. La trampa que el virtuosismo retórico de Miguel
Fernández coloca en su camino, al llegar a la cima de su más alta
madurez.

GUILLERMO DÍAZ-PLAJA
de la Real Academia Española.

POESÍA COMPLETA
(1958-1980)

1

CREDO DE LIBERTAD

1958

A Lola

> *La libertad guía nuestros pasos.*
>
> PAUL ELUARD.

1   1

   Si el deseo nace de esa libertad,
dame el claro deseo de la sed.
Porque el ahíto amará la blancura de las telas
y la nube que se deshace en los dedos del infante.
El bienhechor cortará el pan con su corazón
y otorgará el cuenco de miel al niño más sonriente.
El cazador pedirá perdón por el venado inútil
y el fuego que lo dora semejará un rubí de Dios.
Pero por la misma razón que los hombres aman,
dame un deseo aunque no esté ahíto de misericordia.
Dadme la sed.

   Esto era en el último tiempo de 1953.
Mis amigos cantan su felicidad
sobre las copas de plata.

   Los músicos golpean un tambor insistente,
mi querida sombra, esa adolescente que me mira asintiendo,
canta su felicidad.

   Pero yo os pido un vaso de sed,
colmado por vuestra alegría que es como un cristal de colores
concentrando el sol más amado sobre los puros ojos.
Miráis con la pureza por el amor del sol
y yo os bendigo con todas las fuerzas heredadas
del dios que en su soplo hizo crecer las rosas
y perpetuó un rayo congelado en los volcanes
pero nunca en mi sed,

por eso os pido un vaso colmado de sed,
para que en la nueva experiencia,
vea mi nombre unido al hermoso fuego que alumbra los valles
donde alzáis una copa de plata a mi salud.
Yo os pido la salud de mi libre designio,
para que un día seamos fuego de nuestras ruinas
y sintamos esta terrible sed.

2

RESURRECCIÓN

2

¿Cuál es tu anunciación?
Acaso un son, trompetas amarillas
por la aurora; un planeta entreabierto
llenándonos de estrellas los países.
No conozco la paz del aquel mundo,
acaso nunca exista, en mis hijos
tal vez, y la cosecha sea
para esa descendencia que se vierte
gozosa por los parques.
                              Se espera
que tú vengas. Decíamos, «La paz...»
y a esta invocación, igual que una pared
que se alarga, te ibas alejando.
«La libertad quizás», y este era el mundo
envuelto de aguaceros, suspendido
a la ley que nos une, como granos
de arena dorada, como un fósil
cuajado en una cueva, donde el sol
le entreabre los ojos que han mirado algún día.
Decíamos, «Entre la paz y tú
cogemos lo de en medio». (Nos llenamos
las manos de vacío, el único habitante
que quedaba en el centro.
                              Quizás los hijos
vean todos los frutos. Acaso miren alto
y ni las cordilleras les nublen la mirada.)
Acaso tú ya tienes otro nombre
sobre cada conciencia.
Pero igual que la red que llega al fondo
y su peso es un cofre, una leyenda

olvidada en el mar, que ahora resurge
en la boca de un pez plateado
y se vuelve a arrojar como un desecho
porque no vive el hombre de la historia
sino en la realidad de la barca gastada,
acaso te perdamos cada hora
de estarte adivinando, como si fuera
posible comprenderte, ir descubriendo huellas
allá donde los vivos no han oído tu nombre.

Invoco aquel país, a sus columnas
tan blancas como el miedo,
a los niños caídos en las calles
con un carbón sobre la dentadura.

A las naciones unidas de la paz
y a todos los que esperan
la anunciación de Dios y las promesas
que hicimos al entrarnos por la vida.
Consagrados los años a tu vuelta
renacerás sobre la tierra, igual
que el sol cada mañana.
Hemos visto acercarse la montaña
por la fe que le dimos a quien nos mira puro.

3

LOS CLAROS HABITANTES

3

Sucedió, que los dulces animales
puestos allí, sobre la estepa, eran
como tributos de la piedad. Miraban
el sol, postrados en la yerba,
sobre las coronas de jacintos; dioses
quizás, inútiles, bebiendo
en su clara fiereza, a la pradera
su tentación de libertad.
Y allí, habitantes
sin techo de un lar,
que los agrupa de igual forma,
al venturoso y al tullido,
miraban al sol,

suspensos bajo el arco de aquel circo
de colores, bajo la nieve caída
por su asombro indefenso,
bajo la erguida sombra
de sus blancas estatuas
habitadas.
Y a los asnos,
el sol irisaba sus cuerpos
y mordían tomillos, y agua dulce,
campanillas, anís, y de un tajo,
el corimbo igualaba sobre el césped
las flores, y los dóciles,
miraban el sol esperando respuesta.
Los indómitos
manchaban la escarcha de pisadas
bajo el sol hundido
en la oscura conciencia que les cubre.
Sucedió, que, cegados,
como el cuarzo en la roca
que despide sus rayos apresándolo
pero habita en un reino que le nutre
de claridad, y llena luego el mundo
en soledad brillante al ver su origen
liberado en la tierra,
los claros habitantes de este reino,
semejan la conciencia de los niños
atónitos, la púrpura amorosa de Dios
hablando una parábola que les llena de oro
los valles, y estáticos en la luz
vuelven sus ojos llenos de agua
a mirar la dulzura, libertos,
regresados en paz
allá donde los hombres no descubren más cielos.

4

4

AQUEL TIEMPO

No recuerdo qué tiempo
fue aquel, en que los panes,
rubios como una túnica
esperaban tu bendición.

Quizá me mienta la memoria,
tal vez lo haya soñado
aunque en las manos tenga
sus cortezas más duras,
las hojas quebradas
de la harina, el sabor
de la casa en el alma.

El pan era el principio
de aquel amor; el orden,
como una ciruela madura
que engaña en su apariencia,
pero dentro, su dulce acidez
nos cubre el cielo de la boca.
Y cuando todo el orden del día,
que hereda del anterior su consecuencia
fue como un rito para nuestra vida,
llegó, como una piedra, como un charco
que el sol se bebe, hasta su cumbre,
descubrimos que el corazón es libre
en la paz, que el amor nos hacía
radiantes, sencillos como el agua,
y la libertad era ese amor
entre cada vaso de ternura, puesto allí,
destilando piedad sobre la casa,
frágil como una cuerda tirante
que si rompe su centro, aún da un sonido
y perpetúa su música en nosotros.

No recuerdo qué tiempo fue aquel,
pero si algo me hace creer en lo que tengo
es su recuerdo, la paz
de una memoria que fue pura,
que nos dejó su alambre dócil,
su firmamento cuajado
de pisadas amigas, la libertad
que era la paz, que era la paz, que era
la paz.

5

LA COSECHA

La materia sagrada del olivo
reverdece la luz del horizonte.
El fruto está en la mano calentando
su vida en desazón, el duro aceite
que desciende a la tierra y la transforma
en un árbol dorado para el hacha.
Desciende la semilla en la tibieza
que la mano del hombre comunica.
Y ya la vida está en ese fuego
que le crea el que arroja hacia la tierra
la ciega levadura de los seres.
Y aquí sobre los charcos, o allá en el hielo
o en las piernas, o la reja que lo encierra,
el grano, que ha sentido un aleteo
de amor, en la mano apretada,
entreabre su reino, las venillas
de aceite transparente, aquel misterio
que fue la pulpa diminuta y frágil.
Y ya la vida empieza sobre el campo
verdecido en la escarcha de Septiembre
a sentir su destino, el nacimiento
que los ojos vigilan desde un claro
corazón encendido de alegría.

6

NIÑO CELESTE

Algo subsiste para que tú mueras,
niño celeste, salvador del orbe,
crecido como un árbol que alimenta
su potestad sobre la muerte ajena.
Naces con la mañana, igual que el día,
descubriendo tu hacienda entre las cosas
como un maíz humano que ventea
la paja rubia, el polvo del insecto,

hasta poner el corazón a salvo,
hasta que rozas con los dedos núbiles
la ignorada inocencia del que crece
igual que un fruto, igual como la vida.

Así la escarcha cubre ya tus ojos
y te crees llorando sobre el mundo
si una gota salada pende sobre la carne
que cubre tu heredad, tu joven cuerpo
cruzado por un fuego de ignorancia.

Y es tan sólo la sombra de una nevada triste
sobre un cáliz dorado lo que moja tu vida.
Mira entonces, no basta que yazcas bajo un árbol
y erijas tu destino sobre una renuncia
y deshaciendo días como si fueran nubes
creas que el mundo pesa porque pesa en tus ojos.

Materia con un vaso de amor que se derrama,
aquí estaba a la diestra tu rojo corazón
latiendo porque algo acababa en la tierra;
y naciendo te has hecho sagrado, dios humano,
pequeño como un grano, levadura luciente
apaciguando aquello que hiere tus entrañas.

7

7 HISTORIA DE UN INSECTO

Un bello insecto, para apretarlo entre las hojas de un libro,
levanta la tela de sus alas
como una despedida a estos minutos de Junio.
Quién dirá que viene de un extraño planeta
a buscar unos finos estambres para dormirse.
Ha nacido esta mañana,
ha procreado a la tarde,
y va a morir esta noche.

Quién dirá que el insecto no conoce el tiempo
ni sigue a una ley que no sea la primavera
ni tiene mayor ascendencia que un reino de colores.

Este bello insecto que viene de un extraño país,
tiene un mundo en cada lado de sus ojos poliédricos,
un asombro a compartir entre cada minuto de su vida en un día
y su fugaz presencia cumple un extraño rito
que los hombres pretenden olvidar cuando inclinan su cuerpo
      hacia la muerte.

Se parece a un grano de centeno
que nunca ha de germinar en la tierra
sino en la lenta humedad de la atmósfera.

Bello como un cristal desmenuzado,
el insecto cumple su pequeño destino secreto.
No preguntad qué ley empuja su conciencia
para girar irremisiblemente en su vértigo cruel por la lámpara,
porque girando en torno a la luz,
ha caído cegado para siempre.

8

8   EL MUCHACHO DE CHALECO ROJO

(Homenaje a Paul Cézanne)

A ese muchacho de chaleco rojo,
se le ha vaciado el corazón.
Si le apretáis los dedos,
vais a sentir un guante en vuestra palma;
si le preguntáis por su hermana en Aix,
os dirá que se ahogó en sus trenzas
una tarde que la lluvia era roja,
como su chaleco.

Qué triste es tener un pecho vaciado,
y unos dedos blandos
que le cuelguen de niño por el campo nativo
sin sentir que la carne huele a pradera húmeda,
y decir:
    «Mi hermana está muerta en un parque de Aix.
    Mi hermana era tan dulce como Francis Jammes...»

Te diré, que si miras a tu suelo,
no verás más que un poco de incienso en la yerba

y el viejo libro del mundo
con muertas mariposas señalando la hoja de tu historia.
Mas si arañas la tierra,
verás que allí debajo está tu hermana viva,
tu nombre, tu familia,
y ese chaleco húmedo por tu sangre, muchacho.

9

9 PASIÓN INÚTIL

A José Gálvez

Igual que aquellos frutos que gotean
y derraman su vino por la tierra
cumpliendo la curva fatal de la caída,
granándose de nuevo en un árbol que nace con su muerte.
Igual que las nubes extendidas
en su errante letargo
deshacen su apariencia en las torres,
hermano mío, dime qué piensas, sino en esa certeza que te
    impone el abismo,
en días derramados que nunca fructifican
bajo el sol cotidiano que vela tus dorados trajes de domingo.
Dime qué harás después de escuchar el órgano solemne,
después que te prolongues en un hijo,
cuando plantes un árbol,
cuando ames a una muchacha que ordena todos tus hábitos
y besa el reflejo dorado del ostensorio.

Qué harás más tarde si vas a ser ese péndulo triste
que los pueblos encuentran en la huida,
balanceando su sombra
igual que un vigía en la noche cerrada de los puertos.

Igual que tus vecinos olvidados,
hermano mío, pasión inútil,
te esperan tantos muertos abonando los campos
que es preciso el viaje, desplomado hacia el fondo,
donde sueña el océano
con cuerpos victoriosos y errantes que pueblen los viejos ga-
    leones,

que sientan la música de las monedas enmohecidas
que guardan entre plantas submarinas;
allí los peces han de vagar por tu boca insinuada
dejándote cuajada la fría escama de la muerte.

Pero existen galeones dormidos y monedas y sándalos olorosos
que justifiquen tu agonía;
es el precio, hermano mío, pasión inútil,
a tanta frustrada libertad
como pregonabas allá, en tu extraño mundo de la tierra.

                                    10

10   LOS MENDIGOS

Todas las noches veo mi silueta,
cinco mil años antes de la era de Cristo
y pregunto qué hacía con los salmos de Dios
en aquel maldecido mundo de los mendigos.

Cómo una palabra puede hacer que la montaña se acerque a
        nuestro paso,
que un mimbre golpeante haga brotar el agua en la cantera.
Y encontramos los días en que la fe se inventa como un rito
y decimos amigo Dios —qué extraña vecindad—
con toda la tierra clavada en la voz de la renuncia
para soñarnos este viaje hacia el bosque
que supone la última curva del camino.

Pero veo a este Miguel que llaman cada mañana desde el
        fondo del tiempo
en aquel maldecido mundo de los mendigos de la fe,
y los otros mendigos de pobreza diaria
repartiendo palabras de limosna que hielan el alma de los pobres.

Oh, apartad del mercado estas sucias escamas
de los hombres sin patria,
los que saben de Dios por el sabor del pan enmohecido.
Cuánto grito se inicia en la corte sin milagros de la miseria
cuando los pobres se fustigan contra las duras paredes de las
        calles
y su caravana de huesos tañe el viento de la lujuria.

No es un mercado de carne puesta al sol
sino la misma carne ardiendo en los rayos de la guerra
la que desconoce los salmos, porque el suyo
fue grabado en piedra de sacrificios.
Han oído una voz que los llama los puros, los cercanos, los ele-
		gidos:
y asienten, porque la pureza se encuentra en el pan recienhecho,
la cercanía, en el invierno agobiante,
los elegidos, porque el tiempo separa en dos la inmundicia y
		la paz
y en el olvido engendran su hábito de misericordia.
Se ríen del bufón que silba un mandamiento en la plaza,
de las cintas de colores que hemos puesto en esta feria de los
		domingos.
Y en esa libertad de su risa, la vida
es tan triste como los ojos de un perro.

	Todo ello en mi rostro,
el recuerdo del hombre que acecha la sabiduría,
la virtud y la paz,
como un pan que incendiara su costumbre de abismo
naciendo con su muerte, este hambre de Dios que llevamos
cinco mil años antes de la era del grito.

11

11		LAS TUMBAS DE LOS JUDÍOS

	Las tumbas de los judíos son planas como una memoria,
sepultan su recuerdo dentro de un ánfora de inquietudes
y lloran entre copas de alcohol cubriéndose los cinco sentidos.
Descalzan su pie y apoyan en esparto las piernas;
mientras el rito los sacrifica con el tedio de las costumbres,
prosiguen su llanto por los días interminables de la muerte.
Los judíos se apoyan para llorar en las paredes eternas del
		tiempo,
el pueblo nada sabe sino verter su amarilla luz de los ojos empe-
		queñecidos de espanto
y adoran un decálogo de mármol, frío como una gota de mer-
		curio,
congelado en sus mismas convicciones,
perdidos para siempre en la servidumbre de la tierra.

Bajo los campos donde el trigo comba su felicidad,
los hombres hacen un culto de la muerte
y adoran con una brazada de flores la extinta ceniza.
Bajo la inevitable sombra, la tierra se alimenta de la ceniza
y andamos sobre ella con la urgencia que la pasión de vivir nos
    reclama
ordenando con nuestra perfección
esta inútil jerarquía de existir en un orden que fenece.

Hagamos de los muertos un mito y un destierro,
abonemos con su sal las cosechas
y un campo de cuarzo donde la luna brille,
sea la definitiva tumba de este recuerdo.
Piel de mi padre,
piel de los soldados y los bueyes,
piel del suicida y del infante,
niños muertos cuya sola muerte bastaría para redimir al mundo,
cabezas congeladas que miran los cielos sin un parpadeo,
vosotros sois las leyes que rigen la insólita verdad,
pero el hombre es feliz y dulcemente se pone de espaldas a la
    noche
si elige su ignorancia, y a ella inclina la inútil pasión de sus días.

12

12   ESPAÑA VERTEBRADA

Alguien pregunta,
qué existe tras la estepa donde acaba este empeño:
si un mar con veleros estáticos, apuntando a las costas,
si unas minas abiertas en sus sales nutricias,
si unos yunques que afilan los duros pedernales.
Alguien que se asoma con sigilo a esta puerta
pregunta a los infantes desnudos que descansan
qué pasión ha cegado los cielos hasta hacerlos tan puros,
qué gota madura hace que la aceituna sienta el peso de su fecun-
    didad.

Cuando habló de pasión, se le cuajó en la boca la certeza,
se nublaron los ojos ante el sol desmenuzado como un pan ben-
    decido,
se echó a llorar mojando con su llanto la verde pradera que habi-
    tamos

y encontró la respuesta en la indolencia súbita de la tierra ori-
    llada por las piernas,
en estas duras vértebras gastadas por las generaciones
que doman potros vírgenes y ocultan su frío
bajo capas galantes por la redonda plaza de todas las ciudades.
Hemos estado en silencio porque ha sido el resumen de toda
    nuestra sangre,
echamos una hora de libertad a ese trébol angustioso del naipe,
bendecimos la lluvia que riega los sembrados,
hacemos una vida de cada solitaria cosecha
y esos ritos por los que preguntas, no son más
que una ofrenda a los muertos que guardamos como hermosas
    herencias.

Cuando los graneros se colman y los rebaños pastan su verde
    abundancia,
cuando las iglesias encienden sus constelaciones
y una canción suspensa en la hora del crepúsculo
pone los labios rojos de deseo,
el hombre que aquí habita puede darte respuesta:
mira los duros huesos,
la poderosa arcilla; las vasijas llenas de recuerdos;
los acueductos en la lluvia; los hierros cruzados;
el carbón y la sal puestos en la frontera.
Palpa con tu boca el cielo invertido de los campos,
la estirada piel del animal de sacrificio,
los fósiles, las cordilleras, los ríos quebrados que cruzan esta
    palma.
Mira la aferrada constancia a unas piedras gastadas por los días,
el color diferente de cada mar que nos cerca,
las máscaras de un vivo bermellón para reírnos trágicamente,
las viñas que derraman su lumbre en la garganta.
Mira, estos son nuestros claros dominios,
la fe puesta en los huesos solamente.
No preguntes qué ley nos sostiene porque desconocemos las
    leyes,
estamos en pie desde que existe la memoria,
sujetos por las vértebras profundas de una ascendencia que se
    puso de espaldas a la vida
para mejor sentirla en el oscuro rito de la muerte.

Extranjero,
sólo sé que vivimos a este lado del sol.

13

13   LA LLANURA

A Mariano Bartolomé Aragonés.

El hombre se limita con el mar del perdón.
Toca con la cabeza los astros norte,
en su espalda del Sur se clavan dardos rojos,
sus piernas en el Este van cavando en el cuarzo
la exacta silueta de un cuerpo maniatado.
Esta es la llanura; verdes sombras emergen
llamadas bosques en la lengua más pura,
árboles donde cuelgan nidos de pájaros ebrios,
mazorcas rubias nacidas en la cal de los huesos.
Esta es la llanura de la bondad. Te llamaré así,
campo a través sin vuelta, vestigio ya perenne en el nombre
del padre, el que va ocupando sobre la tierra nuestra.
Hermano por mi lengua eras tú, bien nacido,
hombre nuevo que llega entre el barro sangrante
de un parto entre los días de cualquier otro año.

Te has ido andando con una brizna de maíz en la boca,
silbando por los ríos; por los puentes, por las costumbres,
por la casa y el pan y estas tradiciones
que apagas con la luz de un soplo indiferente.
Hablo de la llanura como de un largo cuerpo;
extendida cabeza, brazos rozando la yerba
bajo un duro castaño, así el hombre dormido
sobre la dulce bestia de un planeta obsesivo
que no encuentra un buen sitio para parar su rueda.
Te incorporas y bebes agua fresca y rocío
y te pones a andar. Un nuevo día
que bosteza su oro entre los pastos. La llanura no acaba.
He aquí el amor, procreas y te sientes feliz cuando suben las
        voces
diminutas de los recién nacidos. Te dicen padre y tú cambias
        por ello
este nombre por lágrimas. ¡Oh, qué monte de pronto, qué inde-
        cible ladera para dormir!

Te rodean los diablos del sueño, estás soñando
y ya no eres otro más que el mito de hombre.

Sueñas instituciones, leyes, cambios de Bolsa,
jerarquías, epopeyas y construyes tu casa con hijos y doctrinas,
forjador de conciencias. Al alba te despiertas.
Ya están aquí los únicos herederos de sangre
que te aman porque estrenan la vida,
y tú sigues andando; es la llanura humana
la que invita al viaje. Sigues, sigues, prosigues
aún es tiempo que nazca un nuevo patriarca.
Y así serás, siendo mi hermano, materia mía sagrada
que comparto por vivo y por conciencia.
He aquí la llanura; por ella andas, hermano, hombre vuelto de
    rostro,
copiándote los ojos en los mares de enfrente
donde niños descalzos te ofrendaron cestillos,
coronas de ternura que tú andabas cambiando
por entre humanidades.
Allí, sobre la escuela, España se abría con tus dedos:
«Estas son vuestras islas, vuestras ciudades, vuestra tierra...»
Y los niños llenaban sus ojos con mariposas del patio,
perdidos en el mundo de las enredaderas
cayendo igual que ágiles columpios
que mecías con tu hondo corazón de bondad.
«España se hace amándonos... Mirad las torres, todas
las agujas salientes, las piedras catedrales.
¡Mirad, mirad...!»
                   Y el viejo cuero de un mapa de colores
se les quedaba igual que si España surgiera de repente
para quedarse dócil para estos infantes.

    Quiero ahora contarte, muerto mío,
que todo sigue igual, que las paredes de tu casa
están en pie, que la llanura
va recogiendo el recuerdo igual que un pedazo de gloria
para que andemos sobre esta costumbre
de amarte en lo que amas, cada día, los momentos
sembradores, los que ahora riegan tu cuerpo
con flores silvestres, con las flores abiertas de la bondad.

    Dios del silencio, cómo beben tus dedos
las viejas criaturas;
quién redime del duro sacrificio a los hijos;
nacerán de tu oculta palabra
para estrenar sus ojos sobre nuevas costumbres.

Yo me iré haciendo un árbol más de la llanura
que tuvo sangre entre las hebras, alumbrando su corazón en los
      estambres.
Regarán este nombre mío que te llama
un día cualquiera que tú ordenes.
Y así, sobre el silencio, ya estás, cansada catedral,
telares negros que ocultan este nombre,
este nombre tan sólo:
Mariano. Hombre. Y basta.

14

14   CARTA A UN CURA RURAL

  «Hoy es un domingo de Pascua de la era de Cristo;
están todos los rayos del sol en la custodia
y las telas más blancas oliendo a un viejo sándalo.
Los maizales se doblan ante estas colinas,
donde el sudor fermenta la frente de los muertos
igual que el estiércol en la vena secreta de los frutos.
Hoy están las vasijas rebosantes de vino
y las cañas de azúcar estallantes,
semejantes al sumiso tributo de las selvas espesas
donde los animales son dioses
vagando en el olvido cruel de los instintos.
Y este país, vencido por la fuerza de su tedio,
duerme con las mañanas entreabiertas sobre las costas
pobladas de veleros con el nombre del Sur en cada movimiento.
Este es el mundo luminoso donde todos descansan,
donde los hombres musitan los salmos
con la vieja constancia de sentir algo bello en los labios.
Y aquí, apoyado en este cumpleaños que pone música en casa,
pienso que es muy triste el tiempo que se cumple para quien no
      teme la muerte
y alegre, para el que sabe que un nudo en la garganta,
tiene el mismo color que la noche donde no tiembla un astro.
Irremediable sabiduría
que nos llega de la muerte
a fuerza de morir cada vez que la vida nos asiste:
en esta respiración terrible del aire que nos puebla,
en el pánico, en la sombra que golpea la conciencia,

en los insectos que sacrifican los días por un solo minuto de sus
sexos.
Es cuando, a pesar de toda claridad de las mañanas,
el volcán que a mi espalda vigila con su imperio,
y el dorado ostensorio
donde los cristalitos amarillos fingen un arco iris,
y esta mirada eterna de mi perro que ronda
alrededor del cuerpo con recelo, y el maíz desgranado y el agua
dulce de las cañas.
sirven para traer un recuerdo como el suyo,
Padre minúsculo para bendecir los días,
como hace muchos años que no recordaba su voz
repetida en cada temblor de las hojas del patio.
Porque todo es luminoso para el niño extasiado
que en una baranda lejana mira el mundo en su sitio
y pregunta qué es mayor,
si la ferocidad del tigre, o el mandato del áspid
oculto entre las hojas revueltas de las calles.
Y todo se resuelve como un hermoso número de circo,
como una alambrada que se pasa sin dejarnos un girón goteante
sobre su duro metal,
como la eterna vuelta de un redondo molino de madera
que gira cuando el nordeste trae más fuerza del mar
que el suroeste de la tierra.
Mientras existía un peso de niño se escuchaban sus dulces palabras
acerca del mundo de fuera,
donde el derecho de ser mortal, era más terrible que estarse
muerto para siempre en la ignorancia;
donde la pared fue inmutable a nuestras manos que querían la luna
y alargaba su cal a medida que íbamos creciendo
en este hambre de un Dios posible para cada minuto de sed.
Padre nuestro para bendecir los días,
todo era hermoso como una mentira que se entrega sin malicia
en aquel ir y venir hacia un cielo pintado del color de la misericordia
cuando preguntaba sobre la ferocidad de las fieras del bosque,
o sobre la teoría del movimiento continuo
que lleva el corazón del hombre.

Y así, semejante a la impuesta serenidad,
cuando todos los jueves íbamos al acantilado
donde los suicidas dejan resbalar sus cuerpos plomizos,

para ver las gaviotas
con la serena costumbre suspendida en el mar,
y Cala Blanca con su pequeña cueva llena de estalactitas,
me hablaba de bellas teorías sobre el carbono
que este país ofrece a cambio de su tedio;
del poderío de la sangre por las abiertas venas que van al co-
    razón;
de la herencia de los mandamientos que como piedra rodante,
vienen a dar con la pregunta de nuestro pecho
y sobre las potestades que vuelan
de un lado a otro de este firme acantilado
que se hacía menos triste con su voz de eterna mentira.
Y sin embargo, Padre minúsculo para bendecir los días,
yo pensaba que allí no existía más serenidad
que la angustia de esa orilla donde los cuerpos dulces
se desploman
porque han preferido la inmortalidad repentina de un salto
a irse mortalmente muriendo cada día.
Creo que todo puede fingirse menos ese mandato
del corazón acelerado por un ansia,
cuando tan sólo un acordeón, en la noche cerrada de los
    puertos,
le basta para que salte como un pez deseoso.

    Estos eran los ojos de un niño que el éxtasis olvida
porque su mortal vacío se poblaba de dudas
y donde era mayor la ferocidad del áspid oculto
que el indomable león que avasalla con su poderío.
Sin embargo, todo tiempo que se pierde es dulce
y su sonrisa es igual que ese brillo perpetuo del mar.
Amo su decisiva pasión por estos mandamientos,
su fe en la ignorancia de los terribles seres que nunca escucharon
    su conciencia,
amo su sencilla felicidad en Dios.
Cambiaría mi soledad por la armonía que puebla su casa,
mis preguntas, por sus dulces mentiras repetidas,
y su felicidad, por la tristeza de Dios que se alza como una mon-
    taña de preguntas.
Allá donde habita, usted no puede recordarme,
con la obsesión de su iglesia,
tan humilde, que no puede escucharse al dulce Palestrina;
donde cada mañana se inaugura con el denso sabor de los
    establos;

donde las vasijas de leche parecen presidir el mundo con su tibia
    blancura.
Pero en este país, donde los veleros rezan a un viento que les
    lleve a otras islas,
a un vasto archipiélago donde puedan traficar el carbón por la
    menta,
nada ocurre estos días
a no ser que es domingo de Pascua de un año cualquiera
y que es mi cumpleaños y he pensado en usted,
en los campos que cruzamos los jueves,
en las estalactitas de Cala Blanca que han llegado a quebrarse
y que es primavera para enviarle mi recuerdo.»

15

15   ELEGÍA PARA UN SUICIDA

A Vicente Aleixandre

    Están comunicando con el mundo
las enormes antenas del instinto.
No se puede llamar
a los peces del fondo,
al fuego que alumbra las cabañas,
al carbón de las minas insondables,
y Dios está muy lejos para una respuesta.

    Recuerda, aún es tiempo de recordar los días
que pesaban como enormes templos;
recuerda tu manta de colores para ocultar los desgarros,
las calles con la humedad de su tedio,
la familia y las tabernas y las tradiciones que cercaron tu sonrisa
    para siempre.
Recuerda que todo era diferente dentro de tu hábito,
que el vino era hermoso en las buenas tardes del otoño
cuando leías el libro de la angustia.
Destino se llamaba la noche incompleta de los sexos,
esa fugacidad que amaste apretando el corazón.
Recuerda ahora, que la caricia del pez espada
va horadando tu espalda con una obsesiva demencia,
que todo era igual que tu morosa quietud
de hombre en el vacío.

Los patios con su sombra de laurel donde la infancia es dulce,
las serpentinas y el caballo de madera y el ómnibus que rueda,
y la estatua de sal que es una mujer mirando el recuerdo,
y el odio acelerado del que nada tiene que hacer más que odiarse
    a sí mismo,
se han vuelto muerte con tu salto.
Los pensamientos de un muerto deben matar todo lo pensado,
las viejas fábulas,
los insectos agradables que tienen la forma de días sucesivos,
caracolas marinas que repiten vida en su lejano oleaje
y toda la historia de un hombre
has sepultado en tu boca anegada de llanto marinero.
Como un victorioso río que salva sus cauces de barro,
exterminador de la ley, perdido vestigio de un reino donde estar
    vivo sólo supone que la sangre circule,
no desfalleces, inconsistente turbión que sólo arrebata
cuando todo es falso y verdadero en un solo minuto de angustia
y cuando tu dentadura crece mordiendo tus mismas convicciones
hasta desear que la muerte agrande su mandato
y bien muerto, las cosas por ti pensadas mueran
como un bosque que los glaciares abarcan.

Y así, sujetados los años
a esta persistente ley solitaria
que erige sus dólmenes implacables,
has ido preguntando en los ocultos barrios del invierno
donde se hallaba tu desnuda libertad
para cultivar el campo heredado por ti mismo;
dónde la fuerza que hacía levantar el sol de tu albedrío
cada mañana que para ti es distinta
con sus espejos prolongando un rostro envejecido de expe-
    riencia.
Y has ido creciendo sobre la patria desolada de tu frente,
en un deseo de aniquilar tus piernas y el corazón,
podando tus mismas raíces hasta llegar a las hondas matrices
    del ser
que te crearon en la ciega noche de los deseos,
como un pez brillante nacido
bajo el mar que ya sabe tus ocultos secretos
porque la muerte se acaba con su misma vida final.

Así, hombre del límite,
un vértigo con fuerza de marea,

te bajará gritando como un trozo de mármol,
victorioso sin alas hasta el bajo océano.
Rebotará tu nombre entre las peñas
y tu fe de bautismo con la vida
seguirá por su estela como una hoja
que no pesa en el aire.
Qué súbito alimento van a heredar las algas,
las marinas corrientes y el pleamar,
las arcas ocultas en los barcos perdidos.
Toda herencia es inútil si el fin no se adelanta
como tú, victorioso saltador del abismo
en la tarde cruzada por lejanos disparos.

16

16   LA MADRE

Tú estás en mi egoísmo como un lazo sagrado
que une mi corazón con tu clara vehemencia.
Espera, yo te amo porque así me has nacido,
alumbradora dulce de mi cuerpo en tu vientre.

Igual que la semilla pareces con el tiempo,
materia tan pequeña que fermenta la vida.
Oye el viento en las cañas, todo no se deshace
si tú quieres, si aprietas los ojos en la niebla.
Te estoy diciendo madre con la voz más amarga
la que nunca ha creado más que estas palabras
que son como ese viento de tu pelo colgando.

Yo miraba la mano sembradora, los dedos
que apuntaban mi nombre sobre tu corazón,
allá desde la sombra de mi origen perdido
hasta que fui lanzado por amor a tus ojos
donde unos peces cruzan con ternura su agua.
Y esta es la heredad que te pesa, los días
que hemos comido juntos sin hablar de las cosas,
no sirviendo jamás como cansado péndulo
que no crea la vida, que va otorgando muerte
cada vez que descansa su mirada en los hombres.

Espera, yo te amo porque eres sagrada,
porque existes igual que una piedra o un río
y me vas otorgando en cada anunciamiento
la verdad de estas cosas sencillas como el agua.

17

17   ANTÍFONA PARA COMENZAR
                        UN TIEMPO NUEVO

Nuestro continente es igual que una soberbia mitigada,
nuestros deseos son un osario que ninguna lumbre levanta,
nuestros amigos no son más que bebedores tristes,
nuestra ciudad es maravillosa cuando estamos dormidos,
nuestra libertad es el mito más sacrificado por la fe que nos
    queda.
Pero, amor mío, nuestra ginebra helada nos dio el hueco de la fe-
    licidad,
tu acechanza te asemeja a las fieras dulces,
tu abrigo verde de esperanza te oculta el temblor diario,
tu pequeño dios no quiere desearte que existas.
Y si tenemos que avanzar para conseguir un tiempo nuevo,
decidme, ¿con qué atributos abriremos el paso?
Las viejas leyes han gastado su inútil oro en el tiempo,
y este pequeño amor nos sirve solamente para mirar los cielos,
id los demás hacia la reconquista.

Tiendo mi gabán bajo los cedros y desde allí miro el mundo:
me conformo con un buen tabaco,
con esta muchacha dulce
y algo más de aire para respirar la vida.

18

18   CON LOS OJOS CERRADOS

Hace tiempo que escribo sólo estas mentiras.
Cuando leáis mis versos, creed que ya es inútil
confiar en la voz de un poeta que canta.
No creáis la tristeza que hemos puesto colgando
como una mercancía en los labios de un niño.

Crece mucho maíz y se rompen los globos
y madres dan a luz bajo los acueductos
para que ponga en verso toda una experiencia.
Quiero decir que miento cada vez que me sangro
en esta poesía, cada vez que os escribo
desde un puerto con niebla y un vago acordeón.
Os pido que creáis solamente mi cara
y lo que voy haciendo por la vida que tengo.
El hombre cuesta caro y el poeta desvía
todo su corazón hacia el lado derecho.

Creed tan solamente en aquellas palabras
que os venía diciendo cuando nunca os hablaba.
(Mientras andamos lentos, mientras vamos bebiendo
o cuando se tirita al compás de un mendigo,
la vida es otra cosa; se transporta, se eleva
perdida ya en su azul laberinto de dioses,
sufrientes potestades, realidad de los seres
que día a día nos dejan su polvillo gastado.)
Esto es irrefrenable y me pongo de espaldas,
quise un día dejar de escribir estos versos
y vivir con la vida todo lo que me otorga.
Por eso yo os lo juro que estamos engañando.
Todo esto es mentira. Creed al hombre solo.

Con Camilo José Cela (1963)

II

DOS SALMOS DE ACEPTACIÓN

A Jacinto López Gorgé

SALMO DE LA GOTA DE AGUA

A Francisco Salgueiro

Esta gota de agua que Tú dejas colgada
para que el sol la ponga rubia como una uva
y que encima de mí balancea su universo,
puede morir, Señor, si empujas con el dedo
una cinta de aire que le llegue a la entraña
o le avivas la sed a ese pájaro torpe
que en torno se desliza.

Mientras tiembla de frío en la esquina del árbol,
sirve para mirarla encendida de agua
y de un zumo que, acaso, sea un poco de Ti.
Ya tienes aquí el mundo submarino del río
y más lejos el mar abrazando la tierra
y las fuentes, la lluvia para lavar las torres,
la piscina cubierta por barcos de papel
y la saliva Tuya que nos cubre la vida.

Pero arriba, colgando como un recién nacido
planeta luminoso,

esa gota de agua nos apaga la sed
porque Tú nos has dicho que, al verte, la saciamos.

El estío nos cubre de un humo impalpable
para entibiar acaso Tus palabras que vuelan.
Pasan las flotantes brozas,
las uñas afiladas que cortan el cristal,
el tren interminable de criaturas,
todos los días que llevan delante la letra de Tu nombre.
Y te buscamos en las aguas revueltas
o en el misterio de una puerta cerrada
sin darnos cuenta, Señor,
que sonríes delante de los ojos,
tan cerca, que rozamos Tu túnica de colores
y creemos que ha sido un arco iris o el viento.

Te busco en las cosas pequeñas para verte,
ahí arriba, donde la presencia diminuta de la dicha,
balancea el milagro, la leve eternidad
de una gota de agua.

y 20

20   SALMO DEL NUEVO AÑO

Como la sabiduría, que ha cubierto toda la tierra del pasado,
como esa corona de flores rodeando la frente de una muchacha,
como el abrazo por el que se unen los labios,
todo aquello que esté por finalizar, tal el pájaro a quien señala
        una ballesta
su diminuto corazón entre plumas.
Todo aquello, Señor,
es igual que la llegada del nuevo año
cuando esperamos en esta girante plaza
que asomes por esa ventana del pecho de tu hijo
para decirnos que aún se vive con las manos vacías
de espaldas a tu ojo dulce, aquí en la tierra.

Y es que quisiéramos volver
a sabiendas de que te hallaremos hasta cuando mordamos el pan,
de que aún no te has ido de estas estampas diarias
como son las mañanas, la casa, los amigos,

y que al volver a nuestra habitación donde soñamos,
Tú nos abres la puerta con tu dedo invisible.

No hace falta que llegues para verte;
los años, y esta constancia antigua de amar lo cotidiano,
nos dirán que Tú empujas la rueda de los hijos,
y estos libros a medio escribir que nos rodean.
No hace falta que asomes encarnado en la madre
porque ya sé que estás en el agua honda de las vasijas
y en todo lo que queda más allá de los ojos.

Pero para esto, Señor,
ahora que los duros días quieren seguir cantando
Tú debes olvidar que sentimos el miedo
de esos niños que quedan entre las galerías
oyendo el viento afuera que se enreda en las torres.

Estamos siempre solos
bajo estas guerras suspendidas por el norte y el este,
por el sur y el cautiverio,
por el oeste de afiladas montañas
y a Ti llegamos, como
esos ciervos perdidos en un bosque inconcreto
sin poder gritar, porque las lianas
se enredan a la voz del que pide el camino.

Mira qué última hora nos separa del pasado,
qué perdida canción dejaremos a los inmortales,
qué parque nos recordará con el césped inmarchito...

Al menos, si nos abres la patria en dos mitades,
y seguimos las calles eternas del desaliento,
engaña estos trabajos nuestros de cada día
diciendo: «El porvenir será vuestro milagro»
para que esta plaza se vacíe,
para que dejemos de mirar esa torre y sus horas,
para que alguien rompa a cantar
y volvamos a casa
de la que hace años salimos a buscarte.

2

SAGRADA MATERIA

Premio Adonais de Poesía 1966

1967

Junto a mi madre
mi esposa
mis hijos

I

Como el salterio, que los dedos rozan,
o que el plectro golpea y el músico entreabre
sus raíces de oculta resonancia
y sube la ascensión de su lamento
como un humo sagrado y se estaciona
en el ámbito oculto de nuestra soledad.
Y ya colgada por los techos queda
la melodía, igual que una atmósfera dorada
que llenará los ojos con su fuego amarillo
y bebemos de esa antífona, de esa agua llovida
que alguien, un día cualquiera, puso el nombre de lágrimas...

Como el salterio, abre tu libro, amigo mío,
y ponte a pensar en la humilde historia que te cubre.
Caían entonces granos de polen en los parques,
era el deshielo de los lentos glaciares de tu tierra;
había una primavera en cada hoja verdecida de ternura,
a pesar de que llagaban mi país secretas hogueras
y colgaban mazorcas de pólvora en los mapas de mi patria.

Recuerda el olvidado candelabro de siete muñones
alumbrando tan sólo el rincón de aquel parto.
De la alacena subía el olor a alcanfor
como una vaharada de fósiles,
como un maleficio para el salterio
que daba el son más puro
en tu núbil corazón recién tañido.

De granizos se regaba tu calle,
oh bóveda del vientre arpegiada por látigos de espanto,
helando entre las sábanas ventisqueros de relámpagos ciegos.
Así llegas del cuenco de la vida indefensa
al cordel que nos une,
savia nutricia, sangre dolorida en el gozo.

Miguel, sombra mía, ya sabes que te escribo
desde mayo de mil novecientos treinta y uno.
Manuel Mateos se ha muerto siendo un niño,
como toda la infancia que dejaste
colgada de los viejos eucaliptos.
Pero aún baila,
perdida allá en el fondo de su caja en la tierra,
la peonza girante que lanzabas al vértigo,
ahora que ya no tienes el zumbel en las manos.

22   2

Allá, en la avenida donde alzaban el brazo
hombres en desafío,
el niño está mordiendo los ácidos membrillos
de la inocencia.
Juegan a disparar anónimos soldados,
juegan a muerte.
Tú, sin embargo, con tu honda de cáñamo,
miras los pájaros.

Se enumeran los tibios alimentos prohibidos,
te afilaron los dientes,
están en este año los campos con el muérdago,
con tristísimas cepas
que columpian al sol su vino derrotado.

Has abierto los brazos en la calle, respiras
la verde humedad;
no hay nadie que comparta tu círculo de tiza
y vas solo jugando,
en soledad le hablas a tu perro de sombra,
das la mano a Manuel
ahora que solamente es ceniza habitada.

Así inventas tu oculto paraíso de sueños
desde que el mar meciera
el rincón de tu historia mojada por un ansia
que alguna vez alzaste
como una goteante colmena de nostalgias.
Es oficio terrestre
tensar el brazo y agitar la rueda
de tu puño oprimido
por la soga y el cáñamo que te ordenan la vida.
Pero vuelves a casa,
por donde ya no cruzan los disparos del odio,
y allí la paz te mece
en las sillas de anea y en las muertas sartenes
y muerdes tu galleta
de sal humedecida y rezas tu oración,
aunque sepas al fin
que has de jugarte solo tu tristeza de niño.

23   3

Dispusieron la mesa, manteles albos, hilados
con dedos de paciencia.
Colocaron en orden los diarios utensilios del yantar.
La jerarquía estaba dispuesta; el rito,
sazonado en la mostaza que era el padre,
repetía su vaivén sobre el fondo de aquellos alimentos.

Comiendo estamos en silencio nuestros días
igual que las viandas, igual que los recuerdos.
Miguel mira ese pecho paterno de renuncias.
Va recorriendo el cuello, hasta la boca del padre,
suben sus ojos.
Se cruzan las miradas de ternura
de esposo, a madre, a hijo.
Y nadie habla.

Se han vuelto los manteles,
sudarios para enjugar el pan de cada día;
queda el polen de la casa envolviendo la paz.
Se retiran los seres, lentos, a sus oficios
de exilados constantes.

La cocina te espera, madre mía,
con su fuego incansable, vestal alicaída.
Más tarde, las agujas y los trapos
se ahuecarán sobre mi cuerpo
urdidos por tus manos, porque siempre
mi cuerpo fue inventado por ti sola.
Y nadie habla.

Tú te has puesto a pensar
tal vez en los disparos.
No has querido decir, mientras comíamos
los tres en soledad,
que en el taller los tiempos son difíciles,
que el tornero, el aprendiz del hierro,
aquellos que enseñaste la mecánica,
se han muerto por la guerra sin saberlo.

Levantas la mirada enrojecida
y das gracias a Dios
porque hay fréjoles y harina que comernos todavía
y hemos vuelto los tres
a la mesa redonda, como un mundo
que pudiéramos abarcar con las manos
y las palmas ponemos hacia arriba
para acoger en ellas
la gota de rocío,
de la bondad.

Qué lentamente, padre,
apisonando vas la tierra con tus piernas.
Te vuelves y nos miras
y dices con la voz que yo esperara:
Es hora de dormir.

24   4

Alinearon sobre la tapia
las macilentas boinas,
apretadas las manos a la espalda
con la cuerda de esparto,
los vencidos gritaban su infortunio,
dentelladas al aire de la muerte.

Luego la capa, el saco abierto, la estameña
fue envolviendo los cuerpos
arropando en la flor de un pecho atravesado,
la sangre torrentera inundando de súbito
callados hormigueros de labor.

Volvían del campo secreto
los grises hombres del juicio.
Explotaban manzanas en las manos,
surgían las raíces del eucalipto
hacia la faz abierta de la tierra,
como queriendo huir, alucinadas,
de la perdida oscuridad enterrada.

Hablan los hombres con palabras de niebla
mientras beben su vaso rojas demencias de alcohol.
En el rincón, telas de araña juegan
a las cuatro esquinas de la intriga,
y Manuel y yo hemos callado.
Sentados en el saco de lentejas,
vemos los hombres,
alzamos la mirada, desde sus piernas talladas
hasta la frente cruzadas por látigos de miedo,
y ya nadie se atreve a reír
como en otro tiempo los niños lo hacían por las calles.
Traficamos nuestras bolas de cristal
o los secos huesos del níspero,
mientras que los gigantes del espanto
fuman y beben sus ocultas violencias.

Nunca supimos luego, de la mano del padre
cuando a casa hemos vuelto,
si el disparo que cruza nuestro aire,
si los gritos dementes en una madrugada sórdida,
son menos trágicos que el borracho que avanza
mojando sus zapatos en los charcos
con la ropa colgada del barro del invierno.

Y así comemos nuestro pan con miedo,
mientras la infancia crece
entre el lamento y la estéril llanura
y los padres piensan que la herencia
que de la mano llevan,

se perderá llorando mientras busca los soles
que le alumbren un claro mañana de esperanza.

25
                                    5

Dicen que fue llegada la hora de la huida
y andaban todos comprometidos con su sangre.

El maestro abrió entonces las ventanas
y aspiró por última vez el puro aire del alba.
Las cariátides comenzaban su cansancio de piedra
mientras se desnudaba de sus antiguos hábitos.
En la lámpara puso su incierto escapulario
y le vio largamente balancear su cuerda.
Luego se fue a copiarse en los espejos
para saber que andaba con un rostro irredento.
Paseó por la casa dejándose las huellas
en la brillante caoba de las bancas,
tal vez como queriendo así perpetuarse,
manchando con un vaho de humanidad,
el reflejo del orden, aquello que moría.

El puntero y el mapa cuarteado, la insondable pizarra
con su panel de negrura
y las vírgenes tizas nevando con su yeso las baldosas
le esperaban igual que cada día,
y allí, en la soledad sin niños de la última hora,
se puso a escribir en la tabla oscura del mundo
palabras, llanto escrito y sangre volteada:

«La última lección es la que no se aprende,
y hoy es fiesta, hijos míos;
podéis reclinar vuestra frente en el brazo
y dormid mientras hablo.
Sólo existen palabras donde el hombre ya nunca
puede mirar los cielos y callarse en el sueño.
Ayer dijimos sólo lo que oiréis mañana.
Adiós, adiós, amigos; un nuevo tiempo nace...»

Deshabitada escuela del corazón,
los papeles aguardan la diaria homilía
de saber de memoria la lección del olvido.

Y cuando fueron todos a buscarle,
en la estancia vacía brillaba un solo nombre
escrito en el oscuro silencio de pizarra.
Y era el nombre de España.

26   6

(Análisis de sangre.)

Me han extendido el brazo, firme, sobre la mesa.
Me han tensado las venas,
han puesto a flor de piel sus raíces violáceas
y ahora busca la aguja el reguero más hondo
de mi sangre.

Es un humilde análisis para ver en qué grupo
pueden encasillarme con dos manchas rojizas.
(¿La sangre se encasilla, Evtuchenko?)
Voy pensando en tu extraña juglaría
de voz en voz y en grito mientras sube el termómetro
de la jeringa y voy donando vida
en centímetros cúbicos.
Ahora, sobre esta savia de mi árbol pequeño,
manipulan y ordenan una fauna
y ya la intensidad que nos alumbra el cuerpo
está quieta esperando,
sobre un cristal caliente,
su incierto resultado.

Evtuchenko, tú estás cantando en vilo,
y yo, postrado con el brazo sujeto,
aguardo, mientras miro ese triste aguacero
que lava los guijarros.
Pero al fin me ha servido para algo esta espera,
me dicen sonriendo,
que la sangre que tengo es sangre universal.

27   7

Cada mañana venimos a trabajar.
Hago la misma genuflexión de mis hermanos de raza
cuando el sol me despierta su naufragio
en las pestañas que tiemblan.

Venimos a trabajar sin maldecir a la historia,
con el recuerdo del café y la rebanada de manteca amarilla,
en el cielo de la boca;
justo en la hora que los carros avanzan su lenta mercancía
de verduras brillantes de rocío,
cuando en la lonja del pescado vociferan los tristísimos peces
          capturados
entre un vaho de frío, de ginebra y de menta.

   Seguimos igual que los antepasados del jornal,
mi soleada estirpe heroica,
aquellos que los domingos hacían colada de sus ropas,
y por la calle abajo,
donde el verdín de la humedad preparaba sus cauces,
se arrastraba el río sucio del sudor.

   Inmensa es la fortuna del sueño,
porque tan sólo en los oficios del trabajo nacen alas de súbito
y el hombre se transporta hacia un reino inventado
y allí contempla los días que jamás existieron,
sólo por su deseo
de que el trabajo un día fuera fiesta en sus almas.

   Voy repasando mi linaje de obreros,
Padre, abuelos, hombres de los que nunca fueron una clara noticia
y que jamás me hablan desde su muda ceniza.

   Esta es la humilde historia del trabajo
y sigue el tiempo y pasa
un relevo de manos, de oscuras cicatrices.

28   8

          Cuando una congoja está en silencio
          en cualquier casa,
          allá, en el rincón de la alacena,
          y los habitantes del lar
          tienen fijos los ojos en la esquina,
          petrificados, contemplando
          con las pupilas llovidas de amargura
          la yedra ascendente del presagio
          y la mejilla en la mano del padre
          siente el frío morir en sus dedos obreros

y aparta con el bastón
la ceniza dispersa en las rojas baldosas.
Y la madre, sobre el vientre cruzadas
las manos,
acunando el instinto en sus secretos latidos matrices,
muerde la sal de una perdida lágrima,
absortos en el fuego del hogar,
en donde purifican los felices recuerdos de otros días.

Sentados en soledad, a juicio
convocados en vida,
han roto las palabras, aguardando
que un golpe quiebre el viento,
mientras mustia el perol
el gazpacho diario,
y allí, sobre las brasas,
arracimadas manos juntas,
como si ahora volvieran a posarse de nuevo
en la alianza de los anillos nupciales,
unen su frío solidario,
no en la muerte, sino en esta
lentísima espera de que golpeen la puerta
por donde ya salieron y de nuevo
volverán a cruzar los hijos de regreso.

Está el suelo barrido de grano,
trilla para que el hombre
sienta cómo el descanso se sube por las piernas
y acomode su justa silueta de pana
al trono de la anea, junto al fuego.
Éxtasis de la humildad, limpia
disposición de los enseres
y una albahaca fresca que aroma las cucharas.

Pero quien nos redime,
a pesar de que estamos a un orden convocados.
La hoguera que débil tiembla,
tal vez, si acrecentara sus cauces
y en los campos prendiéramos nuestras teas humanas.
O aventar los graneros
y dejarlo a los pájaros
volar su libertad, el hambre
de saciar en el aire lo que falta en la tierra.

Cuando una congoja está en silencio
aguardando nuestra llegada,
puede que sólo sea la última esperanza,
desear que golpeen la puerta
de la resurrección.

29   9

Recuerdo que fuimos al gran ceremonial
y en nuestras bocas una ancha herida
hacía sangrantes las palabras.
La lucha comenzaba.
Aquel desconocido, al que nunca
rocé con oraciones ni blasfemias,
fue avanzando hasta mí con sus manos extintas,
y yo le estaba viendo llegar, desde antes
que la celesta con su timbre convocara al descanso,
y la sombra de su capa llegaba mucho antes que él hasta mi
      puesto de centinela obligado.

Fui preguntando entonces, a quien pudiera responder,
por qué era necesario que hirieran mi quietud,
esa paz que mendigo igual que un alimento;
que yo aportaba al mundo un poco de cansancio,
del que estábamos tan necesitados
y pudiéramos repartir nuestra heredad,
esa sonriente dádiva, la avena del tamiz,
ya limpia para todos.

El miedo nos hizo que aceptáramos el pacto,
porque iban a herirnos con el oprobio.
Con el carcaj dispuesto y el alma por el aire,
nacía igual que un vino el pánico, indefensa
criatura convocada
a la ceremonia de sacrificar lo más virgen
al ídolo tenaz, que llegaba cada vez más cercano
a la casa en sosiego de tus antepasados.

Van a sembrar de sal los campos,
las gavillas
se quedarán en brazos de orfandad
como el esparto, sin vivir, hiriéndote.

Abrimos el arca, el tesoro tribal, guardado
entre alcanfores insistentes,
para ofrecer lo único amarillo que podían codiciarnos.
Derramamos las telas olorosas,
la plata labrada, el encaje enrollado
y alfombrada quedó la baldosa de barro
por ver si la sombra cercana prefería traficar,
mejor que con la carne,
con el oro perplejo.

Se han mojado de lágrimas
los terrones más secos;
cegados por la sombra,
campo mío,
cordillera exaltada de herrumbres escondidas,
hemos tenido que recoger nuestra historia
igual que una cosecha que el granizo amedrenta
porque así fuera escrito,
que aunque siembres los panes de la misericordia,
días vendrán, cellisca flagelante,
en que el ceremonial del tributo a tu tierra
cambie frutos caídos por manzanas doradas.

30   10

Cómo decir ahora, en la mitad del vivir,
que la dulce memoria melancólica
sirve para adorar sólo los ciegos ídolos del recuerdo.
Es tal vez justo parar el corazón a voluntad,
volver a acelerarlo cuando el ansia nos redime,
amar, odiando un poco las derrotas diarias,
darte en todos, respirando la vida de los lejanos seres
y olvidarte a su vez de que existes para rozarte en la piel de tus
      hermanos,
cuando yaces feliz por tu ancha soledad.

Responde el torno, brazos giradores
golpean la pulpa cálida del barro.
El alfarero extiende su inmensa libertad:
hiende, ahueca, redoma
una tierra sumisa, roja de extintos fuegos,

y así, sagradamente, la materia por ello no es más pura
tan sólo con ser forma en las manos del hombre.
Más bien, en su letargo
de ceguera indefensa,
purifica ya todo lo que roza,
ese contorno encallecido
de los dedos buriles de quien inventa formas,
y ya, vasija o vaso, tinaja al sol,
extraño ayuntamiento de vida y cuerpo inerte,
recobra su sentido la materia
y el hombre se conforta y al fin comprende el trance,
de que jamás su vida fue lanzada al azar,
sino al as fulgurante de fundirse en las cosas.

31   11

En esta horizontal costumbre de rendirnos
sobre los lechos, reposan nuestros cuerpos.
Sé que miramos todos al techo
como si fuera un cielo inabarcable;
con las manos cruzadas en la nuca,
soñamos bien despiertos.
Es esa realidad del sustento cercano
la que nos va restando el dominio del mundo.
Puede que alguna vez el corazón resuene como un arpa,
que la ilusión nos llene una copa vacía,
que trémulamente digamos
palabras de bondad.
Sin embargo, hemos aprendido el juego de golpear los vidrios
          sonoros
y resulta bello rescatar un sonido perdido que tiene un lento
          sosiego como de agua estancada.
¿Esto es el sueño? Laberintos ocultos,
avenidas que avanzan hacia la noche mojadas por su verde
          frescura,
o acaso la humilde realidad pueda estar en aquello que ciega los
          sentidos,
el constante rasgueo de unas tensas cuerdas,
nervadura de despeñadas aguas que al caer levantan un
          esplendor de incienso.
Tú, realidad que me invento para seguir la vida,

deja colgando sobre la cal del techo
tu música purísima,
el hermoso danzar de unos pies que resbalan
sobre el mármol rojo de los justos.
Danza tú, realidad que me acoges
cada noche que alzo la mirada prohibida,
inventándome así mi extraño paraíso.
Ellos están dispersos por mi sueño más ebrio
y cuentan sus reposos diarios, las jornadas
necesarias para llevar la casa por delante
ahora que los ruidos horribles asonan nuestra paz
y no hay nadie que pueda entornar los ojos
como si fueran dos alas recogidas.

32   12

Ahora ya es necesario volver al campo,
las urdidas parameras de las calles,
siempre vienen a dar con una plaza encarcelada
por la que fuimos gastando los años recorriendo el soportal llo-
    vido,
iglesias en las que uno espera en soledad escuchar un triste gre-
    goriano
que no vuele de la garganta al aire,
sino de un corazón anónimo hacia el tuyo.

Aquí están los pinares, las arañas
reflejan soles quietos,
y si te surge de improviso
la idea de que eres hombre de tus calles,
encenderás un círculo de fuego
para ver el rebelde suicidio del alacrán.
Tal vez el montaraz disparo ahuyente los vencejos
o la pedrada quiebre puras ramas de cedro.
Está aquí tu barbarie,
tensas nervios y saltas por recoger la piña
apretando sus leves granos cenicientos;
es el cuerpo, la nervadura indómita, el deseo
de que tal vez el odio te recorra en acecho
y así muestres tu estado de poseso.

Oh, no traiciones el fuego que allá lejos te espera,
acaso crees que así la libertad

abre su soterrada torrentera
en las almas.
Puede que entiendas,
que a veces los hombres se convocan
tan sólo para cantar los viejos salmos
o elevar un cercado donde los animales puedan
abrevar esa lengua siempre llena de sed
y el dinero se trueque en utensilios,
o en esa invariable taberna que añeja entre sus odres
vinos calientes.

Quien adivine el bosque y su acechanza
sabe que todo es sueño;
hasta el dolor en tu piel del aguijón oculto,
y es tan hondo el reguero de tu roja sustancia
que ya el miedo te sueña,
y así tu curso paras
cuando la realidad empuja tu cuerpo entre los árboles.

Detén tu destrucción, aunque tan sólo
sea voltear guijarros en las linfas,
si es sueño este mudar
del campo verdecido, ya liberto en tus ojos,
no es la primavera,
sino un inmenso sueño que colora la tierra.

33   13

Cuando recuerdo tu lento porvenir,
que es aquel que escribía la golpeada experiencia,
los sucesos de entonces retornan con su niebla
y vuelves a vivir transfigurado,
como si nunca hubieran desplazado tu imagen.
Pueden quedar yacentes los sentidos,
igual que cuando dejas caer un guijarro al estanque
y los círculos nacen de tus dedos
para agrandar su rápido poderío en las aguas.
Se pierden en la linde de la yerba,
puede que avancen por la tierra, puede
que caigan más allá del vacío.
Mas tú sigues sentado recordando
y tan sólo ha pasado una gota del tiempo

y has muerto viejos ideales
tan sólo con soñar.

Nunca pasó aquello que retorna
y te ronda tu aire
y aprehendido se queda en los ojos,
como Manuel, que llega con su cara amarilla
a traficar contigo su antigua soledad.
Tú piensas en la historia fenecida,
en la húmeda calle de eucaliptos,
en los columpios de las hojas del otoño
y crees que todo fue una sola noticia
surgida por la ascensión de la niñez.
Y piensas.

Mas aquello te nace nuevamente al conjuro
de un silbido delgado que alguien lanza,
de un temblor en los vidrios
cuando un coche te rasga la calle solitaria,
y sabes que todo lo que vuelve
es dulce como un pífano
y que puedes tocar los recuerdos
igual que las tiernas naranjas que por la mesa ruedan
y que nada puede morir,
si vuelves a la lumbre de aquellos atributos
que dora, como un fuego,
tu epílogo de hombre.
Porque tan sólo muere
aquello que ya nunca nos crece en la memoria.

Casa natal del autor, en la calle General Mola, 11, de Melilla

II

14

Dame tus hijos, por amor de todos,
que aquí siembro los míos con ternura.
Ya corren por tu suelo,
por tu pan generoso germinado.
Gamos tocados de la gracia, saltan,
rozan hojas, se llenan de verdura
apoyando sus plantas en la tierra
como turbios ijares.
Vuelan raudos,
ya nadan por la orilla
llenándose los hombros con la espuma más lenta de tus costas.

Están aquí los hijos, levantando
la gran casa de todos con andamios
llovidos de inocencia.
El pastizal ya crece,
ímpetus derramándose en el gozo
de un polen que se orea en las ruinas.
Cuánta furia quebrada en rayos óseos,
cuánto estiércol perdido sin abonar tu pecho
fue aventado en tu historia.
Dame tus hijos,
abre los parques que se doran en su fiel mansedumbre,
balanceando lianas de promesas errantes.

Están aquí, trenzadas
sus manos al zumbel,

girando la peonza, turbonada
que gira en girasoles.
Como ebrios
miramos la ilusión alucinada
girantes en tu vértigo, sin verte.

Oh pueblo mío, deja que así invente
mi otro porvenir, mirando en ellos
crecer la yerba de la paz,
ver el humo del sueño que se posa
sobre la frente pura del infante
purificándome los ojos, como siempre
que los alzo hasta el viejo Guadarrama.

Preparemos la casa,
damos los hijos a tu patio, crecen
en la piedra patricia sus edades.
Ensánchate, prolóngate en la risa
que han dejado colgando como un cielo.
Ésta es la hacienda, la cosecha sea
igual que tus trigales de esperanza.

15

PLAZA CON VIEJOS

A Francisco Salgueiro.

Como duros enebros soñolientos,
racimos de orfandad, negros menhires,
por la cal de la plaza nevando sus espaldas,
viejos al sol se fuman lentas misericordias.
Al cuello ungida la bufanda roja,
coronan su cabeza, la débil almenara de las sienes,
boinas cenicientas que su color gastaron
tanto polvo de trilla, tanta celisca lóbrega.

He aquí el testamento: el agua ya pasada
mueve con el recuerdo los molinos del tedio.
Esa espera, la muerte, va otorgando en la tarde
migas de pan caídas por amor de los pájaros.

Por mis pueblos de adobe, hondos cáñamos tensos
dejan al sol su vida, la cálida derrota
de duras y maduras inocencias
de la jarra del vino y de la hornada.
Sagrados huesos, piel enaltecida,
alzan el brazo al transeúnte, ¡amigos!
saludo a lo que pasa y no detiene
su curso por la orilla de sus hombros.
Ruinas de mi patria, claustro de enredaderas
y siglas den la piedra de canteros remotos,
un friso con ancianos de ternura
calentando su carne en las mañanas
aguarda tu andadura.
                                   Aquí yacen,
yacentes almijares, vivas piedras
de sacrificio, donde el grano
va exprimiendo el sudor de su fermento.

¿Así será mi historia, pasajero
fluir de mansedumbres, parva extendida
que el sol reseca en roquedales prietos
esperando ya ser gavilla eterna?

Y ya, secretos mármoles, anónimos
trapos de sueño por la plaza umbría,
se invocará otra vida, aquella infancia,
o el devenir, su duende paseante,
anciana y soleada soledad.

16

36   EN LAS ALTURAS DE IFRÁN

No es posible volver a Ifrán,
ha cortado la nieve los caminos perdidos en los cedros
y los silencios solemnes andarán petrificados en sus cumbres.
Puede que la forma de nuestros pies quedaran como fósiles
allí, junto a la orilla,
donde encontramos cristales de roca
veteando fulgores de custodia.
Puede que las telas de oro

que alfombraban las calles, florecieran
como arpas inmensas extendidas:
hilos sonoros de araña
colgando entre los cedros.

Tú y el dormido humo del alba
y la mirada posándose lenta en el valle,
eras un dios en soledad gozoso,
paralelo tu cuerpo al águila en volandas.

Hermoso reino el de la tierra,
cuando, postrado sobre su cuerpo, muerdes
un rojo terrón de savia
y tus pies en la arena semejan las raíces
que han de soterrarse en regueros ocultos.

Tañe en tu gozo las sonoras lianas,
raudos por el bosque, en Ifrán cae la nieve
tal vez como en el corazón de tus hermanos.

Ha pasado aquel tiempo
y ya no es posible volver al bosque de Ifrán;
por eso, en esta tarde,
me quedaré escuchando a Arcángelo Corelli.

37   17

El niño escribe, en el vaho del cristal,
su nombre: Pedro, de lluvia.
Reclina allí la frente y contempla tan breve pronunciarse,
que es piedra,
aquí, guijarro lavado de aguacero incesante,
y a través de sí mismo ve pasar la calle interminable
y, alzando los puros ojos, el campo,
montería dispersa que derrama su verdor
bajo el venado enloquecido por los gritos de hemisferios gue-
        rreros.

Él cabalga en el sueño
entre aguijones veloces de turbios vendavales,
y es quien doblega al ciervo
cuando llegan los perros a romper los maizales.

Ahora le vuela la mirada
entre las lilas. Le llaman los coros de sus antepasados
y Pedro escribe sobre la humedad transparente,
como un grano de luz, su piedra nombre.
Sólo para que así le llame
el padre,
la secreta alianza del amigo,
las voces que le irán repitiendo,
mientras su vida clame,
esa palabra escrita en la nada
y que ahora el sol disuelve en un poco de agua.

18

EL DIENTE

38

A Manuel Álvarez Ortega.

Por esa interrogante comisura del labio
que al sonreír se abre
en la pendiente roja del belfo,
se adivina un instante
la blancura diabólica del diente,
hueso al fin para el sesgo
del tallo de la caña
o de aquella palabra ya nunca pronunciada.

Resume la cabeza su destino en la boca.
Arriba, van los ojos navegantes
de este desasosiego, a aquella calma,
y da vueltas la vida por sus troneras hondas,
y cuando al fin se acaba la andadura,
la mano más cercana
nos cerrará los párpados blanqueados de muerte.

Pero tu dulce boca inagotable,
que un corazón partido semeja en su delirio
y en donde está la sed de su aljibe parado,
voz delgada que asciende
y de allí se derrama
en palabras,
aunque a besar se mueve,

muestra el tajo calcáreo,
la pared de los dientes,
de que al final de todas las sonrisas
aguarda el esqueleto delgado de los huesos.

19

39   MUCHACHA SENTADA TRAS UNOS CIRIOS

Te exaltas con la música,
esa plomiza y lenta melodía
que desciende del techo
como un humo parado,
que llenará los vasos con un tedio embriagante.

Te quemas con la música,
igual que el gastado cirio que ha cubierto de cera nuestras
     manos,
dejándonos la huella caliente de un sabor a recuerdos.
En el tedio te quedas,
suspendida muchacha de un pasado que ignoras,
viviendo este momento
un destino que tal vez perpetúas
en palabras cansadas, en tabaco inocente,
en sonrisas que nunca nacieron del pozo de la dicha,
sino en la menguada soledad de ese oscuro rincón
donde lentas guirnaldas condecoran tan triste vacío.

Muchacha, para todos
los que van a quemar su ignorancia en la noche,
tu cabellera pende,
lentísimo niágara de rizos desplomados,
como todo lo dulce que de súbito expira,
que se nos va quemando
porque la fe se aleja
como el ágil trapecio que se roza,
pero que no ha bastado ese toque preciso,
sino la fuerte garra de unos dedos crispados
que fueron suficientes para fijar la vida.

Te exaltas, te desplomas,
te alejas mientras tanto,

te pierdes para siempre
allá, remota, muerta,
como la lenta tórtola que desploma su vuelo.

20

40   EVASIÓN CON BACH

A Carlos Álvarez Santaló.

    Hila, teje tus trajes
de danza.
Calza las sandalias veloces,
aroma los vitrales
y asciende,
resurrección del órgano,
de blancas voces vírgenes,
hasta el románico estacionarse
de la piedra colgada.
Rueca, girasol,
que todo se arracima
en Brandemburgo
y está lenta volando
la última paloma
de la paz.

    Van doblando los albos
paños de oficiar
y se derrama al aire
la campana del júbilo.
Hila, calza y aroma
mi antiguo corazón:
ya es mía la ceniza
del cielo de tus ojos.

    Los ríos se nos viertan,
porque somos libertos
como llamas de aceite
y un óleo nos redime
de estarnos profanando.
Ven los ojos las nubes,
su feliz andadura

ahora que el músico levanta
la jarra de su amor,
y bebe el hombre
de su alma vertida,
mientras transfiguramos
el súbito aleteo
de aquello que nos hizo
por una vez dichosos.

21

41   HABITACIÓN POBLADA DE SOMBRAS

   Cuando hago recuento de las amadas sombras,
por qué tú, Francis Jammes y Pablo Cézanne,
y el otro Pablo de la plaza de la Merced,
que allá, frente a mis costas,
llegó descalzo como un verdial
a presidir la gran plaza de la discordia de mi tiempo,
igual que el otro Pablo,
efímero anticristo
del Señor,
llegáis a esta sala que pinté entre el amarillo y el verde,
a escuchar a los viejos camaradas
que han puesto solaz en la frente de esta tribu adorada
y que vienen llamándose,
para mí y para el mundo,
Palestrina, Albinoni, Juan Sebastián, Corelli,
y si es primavera alzo un vaso a Vivaldi,
y si hay un superviviente del caos,
aquí está Schönberg.

   Hundo entonces mis manos en la raíz del hombre
y la mina habitada del carbón, alza el fruto
más negro del abismo
para sentir la soga
que entre cada garganta anudan los diablos.
Oh los amigos trémulos, sentencian
bebiendo ya a mi par
que las voces escritas en este vendaval que nace entre los versos,
son palabras antiguas de otros hombres,

surgidas nuevamente como de otra cosecha,
que sólo es nuevo el grito, según sangre la herida.

Y así distinguen la equívoca apariencia,
como si nuevos seres alumbraran la tierra
y no aquellos que en soledad rezan el mismo coro.
Sagrada polifonía
del hombre distante,
cantando entre la púrpura ojival de los claustros
que ahora te llega viva,
tan presente, como el vuelo fugaz de los astros cercanos,
útil para el diario menester de vivirse,
porque ya nada cambia a este lento volverse
de cara a la pared del hombre volteado
por las cosas y Dios.

Oh mis amigos demenciales,
alzan su vino lleno de palabras
como si fuera posible poner puertas al campo
de lo que siempre fuimos:
hombres en transmisión dorada a otras laderas.

22

42   EL HÉROE

Fue cabalgando el héroe
hasta la bruma de su dominio,
flagelando al corcel su indómita osamenta.
Allí, donde la fuente es solaz
y el cedro acuna
su catedral perenne,
sacudió las sandalias
y fue a alfombrar la yerba con su cuerpo extendido.

Las gavillas estaban a la diestra
y en lo alto los cirros pastaban sus praderas azules.
Acarició la tierra de labor:
la espiga,
desgranada en su palma,
puso su grano cereal, dispuesto
a trascenderse ya en la piedra del molino.

Lo aventó con un soplo
y el polvo germinado fue a otros surcos
donde la reja hendida prepara nuevas vidas a la resurrección.

Tal vez pensara
que el sesgado morir
no termina en la cal que purifica,
sino que perpetúa su inerte silencio
en otra latitud,
allá, donde el coro dorado de los evangelistas
ponen al sol sus túnicas y funden
oros en ellas.
Pero el héroe descansa
como si ahora soñara
en el *Adagio* de Albinoni
y palpa su diestra, la férrea costumbre
de sostener el carcaj, el acero fulgente
demoledor de tallos,
de sonrisas,
cercenada en los dientes.

La jornada recuerda.
En el alba,
ablandó su garganta con las moras silvestres,
cuaresmales de luto,
pero en ácido devenir por sus labios.
Luego posó sus manos en las tablas
de la ley.
Era el templo de nieblas y el cilicio
estaba en la cadena de cobre,
colgando como el tiempo de su fanal oprimido.
Inclinó su frente hasta el candelabro
del símbolo.
Qué frío tabernáculo, qué aceite
para signar la frente, qué látigos
reptiles fueron anudando sus piernas.

Bebieron largos tragos de aguardiente de frutas;
las capas yacentes, sobre el césped,
aguardaban la forma de los cuerpos
del conciliábulo.
El héroe trazaba
sus signos en las capas de lana,

extraña orografía de la tela en la tierra,
mapa de guerra y perdición urdidos
por la ignorancia.
¡Oh sinrazón del azogue escapando,
reptando hacia el olvido de un charco de abandono!

    Los enemigos venían de un claro baluarte
indefenso.
Bienaventurados los mansos
(y el Señor hablaba en la Montaña
resbalando su céfiro en las almas).
Mas el héroe urdía la ceguera
de que mi fe es más justa si cercena
tu extraña creencia,
de que mi trigo es único para un pan colectivo
y es justo si aventamos hacia la hoguera trémula,
todo aquello que escapa a mi muda conciencia

    Así el héroe reposa
su jornada de vidas que yacen bajo un palio
de bienaventuranzas.
Yergue ahora su estatua,
desanuda el corcel;
la bestia humilde escapa
hasta la bruma del homicidio.
Ya tensa su ballesta, el cuerno tallado
en las vidas que fueron,
cabalga su mordiente furia,
esgrimida deidad de un Dios que en zarzas llameantes
se muestra.

    Es cuando el rayo surge,
petrificada sal que calcina el helecho,
y Saulo yace
y el corcel ya libera su bestia encadenada
y deja el orden el resplandor más puro.
Cuando el Señor se abre,
mostrando así su pecho
cruzado por la sangre del hombre perseguido.

23

43   NIEVE HAY EN LAS CUMBRES

Nieve hay en las cumbres,
nieve por Tu mirada,
por el inabarcable ventisquero de Tu pecho.
Nieve de purificación cubren los pastos;
por la meseta agavillada y parva
se encienden las espigas.
En los lares del sueño,
la lucerna ilumina
Tus dos ojos cuajados de vacío.
Con el barro y el cobre,
llaves de herrumbre y óxido,
sartenes de espanto como redondas noches que has dejado
     colgando.
Llaves cruzadas para el maleficio,
salmueras y tomillos,
ajos silvestres,
soledad.
      Y el manto
cubriendo el cuerpo dulce,
el luto de la yunta,
del sarmiento tronchado por vientos de la furia.
Y el manto
de vertical desgracia, de estameña
desgastada en los cirios del recuerdo.

Sube el vaho de la casa hasta los riscos,
donde Tu nieve condecora.
Se resiste la encina, se doblegan
las hachas del perdón,
talan raíces de tu misericordia.
Y el manto
cubre a la madre,
arropa la tristeza,
como el aceite del candil,
como si fueran
los alimentos cociéndose en la lumbre,
crujiendo en la oquedad de las cazuelas.

Pero Tu nieve
está en las cumbres esteparias,
pace quieta en mi sed
derramando su blanco pez por el manto.
Y así te yergues,
transparente, Dios mío, por mi pueblo,
glaciar de mansedumbres,
salvando el maleficio,
la salmuera, las llaves que se cruzan,
para que el manto pueda
sentir Tu blanca mano deslizándose.

44   24

Arroja tu pan sobre la superficie del agua.
Eclesiastés.

Como la levadura y su fermento
eleva la materia, y así es ya útil
el condimento; igual que la semilla
en el surco prepara las futuras almendras,
antiguo Camarada de los días brillantes
y de las noches en soledad,
viejo como un ajado cuero,
novísimo cuando el miedo te acerca a mi lámpara,
quisiera llamarte, Señor,
con la misma voz del tullido
o con la salmodia del ciego
a la puerta de los mercados de arena.

Era por Tiberíades
donde dormí la dulce cercanía,
sabiéndote varado como una red que el agua
llena de peces.
               En el suelo quedaba,
flotante majestad de las sandalias,
de Tu barba perlada por una sal marina,
la vida tan segura.
Y así el justo salario repartido,
de la hogaza de pan, saciada el hambre
y fue limpio el reposo,
extendido letargo del obrero,

luego que la jornada de labor
amedrenta los ojos.

Como si con la fe salváramos la tierra,
solamente,
tuvimos el derecho de temblar,
aunque un instante sólo,
el necesario para mojar la frente,
fuera en las almas
aquel de los relámpagos,
y de la mar partida por los vientos que no Te conocían.

Camarada del éxtasis,
deja que explique ahora,
cuando tan sólo eres una remota llaga
de la crucifixión,
que no fuimos avena de tu pan en las aguas,
firme harina imbatida,
más bien huérfanas migas de esta sucia corteza
que Tu mano bendijo camino de Betania.

y 25

45   LAS BIENAVENTURANZAS

Y entonces, haciendo una raya en la arena,
quedó así la frontera signada:

Bienaventurados los pobres del secano, los de la tierra de pan
llevar, porque de ellos será el reino de la igualdad.

Bienaventurados los que lloran su mortaja diaria, su espanto
en las aceras, las vidas en un hilo, porque ellos serán conso-
lados en la paz.

Bienaventurados los mansos, los que se echaron a jugar en los
parques con los niños del júbilo, porque heredarán su niñez
para siempre.

Bienaventurados los que tienen hambre y sed de justicia, los
que clavaron a un muro sus cuerpos y fueron lapidados por
los enanos y puestos de cepo a las cetrerías de los pode-
rosos, porque ellos exterminarán con el perdón a los diablos.

Bienaventurados los misericordiosos, los que no partieron su capa, sino que la dieron entera y ahuyentaron el hambre del pueblo, porque jamás hambre y frío asolará sus cuerpos.

Bienaventurados los limpios de corazón, porque ellos verán a Dios.

Bienaventurados los pacíficos, los que enterraron la ballesta y fueron a esgrimir ramas de almendro que nevaran dulcemente el aire, porque serán llamados hijos de Dios y de los hombres.

Bienaventurados los que padecen persecución de la justicia y en la cárcel arañan sus días por amor a la libertad, los que fueron calcinados en Auschwitz, la piel troceada y los vientres hundidos, porque de su ejemplo será el reino de la tierra.

Bienaventurados cuando el vituperio y la persecución por la causa del Hijo del Hombre os lleve a los circos, a la crucifixión o al destierro, porque la mentira dura sólo el instante de ser inventada y la verdad es eterna.

Sal de la tierra, hermanos a quienes asoló la maldición
de unos días terribles en el campo,
no os ahuyentéis hacia el suicidio,
porque un hombre tan sólo,
clavado en el paisaje con sus manos tendidas,
siempre os redimirá con su amor por delante.

3

JUICIO FINAL
(1969)

1

Dulce es el júbilo, el himno de los hombres,
majestuoso salmo que en los labios se orea
cuando cantando vienen las razas hacia el altar.
Aquí, donde lavo mis manos entre los inocentes
para acercarme al ara que besa el oficiante
de aquel dios hecho en ébano,
del ídolo con cabeza de perro y garras de águila,
del sacrificio de las vírgenes o del venado grácil,
de la comunión de la sangre y la pureza del fuego.

Dulce es el cántico que al conjuro del miedo
alzan los pueblos donde el hombre se entierra
bajo tu excelsa sombra, Dios igual y distinto
alzándonos de un soplo en el letal mediodía del mundo.
Aquí las criaturas pacen eriales angostos
para afanarse en esta costumbre que hemos ido llamando vivir
desde el momento que tu dedo
vino en separar la espuma de la arena
y la ortiga del fruto.

Cómo cantar el júbilo,
si a cada lado pones las diásporas trémulas
y tan sólo te acierta quien balbucea el nombre,

único silabario, singladura certera,
que es el decirte Padre, repitiendo este germen
hasta que ahogue el pecho esa cuerda partida
de la garganta humana.

Descubierto está el mundo secreto de tus velos;
golpea el corazón su instrumento sonoro.
Igual que un milagro, ya nacido y presente,
nos fuimos a la incierta madrugada del odio
porque todo quedaba por hacer:
Construir a los hijos, la casa y los rebaños,
fertilizada raza bendecida en las fiestas
puestas a tu recaudo.
Hicimos los oficios y alzado quedó el templo
para tu guarda, aposento de llantos y de súplicas,
donde dejamos voces colgando de las lámparas,
porque el recinto era bien pequeño,
y el pueblo,
ancho y sin tiempo.

Qué mejor oración
que la voz de alegría del muchacho que canta;
en los hombres que beben cuando llega el descanso;
en quien muestra su mano de humildad,
o cuando ella viene por la noche
con el vaso de leche que se endulza en sus ojos,
luego que la labor
le ha puesto una cansada herida por los párpados.

No serían verdad los días que me diste
si no te hablara siempre en las voces de ellos;
igual que en la Pasión,
nunca tendrías medida del abismo,
si los amigos últimos no guardaran tu huella
en el claro sudario de la muerte.

Descubierto está el mundo secreto de tu nombre,
es aquí donde alzo la verdad derramada,
ahora que sé decirte, Dios para la agonía,
que la oración más viva es aquella que cantan
hombres en soledad, *memento homo*, vida.
Memento de los vivos.

2

47   PRIMER HOMBRE

Primera criatura dormida a la sorpresa
eras tú, cuando alzaste la mirada en el bosque.
Se incorporó tu cuerpo del barrizal ardiendo
y te naciste sólo con el soplo de Dios.

Eran allá secretos letargos la caricia
de olorosas maderas, y mordías los brotes
y el jugo de la vida primera rezumaba
sobre el desnudo pecho de tu alba morenía.
El hombre que inaugura las edades
no puede recordar el padre hirsuto,
ni la maternidad de los cobijos,
ni el amor que le llega de una grácil muchacha
acodada en el tiempo que no existe en su historia

Padre de las tormentas genitales,
vuelve el rostro hacia el pasado; nunca
llegan de entonces músicas, una sed, la marea
de no llevar colgadas medallas, compromisos,
o un camarada enfrente cerrando la llanura.

Pienso que de esta guerra, la alegría se inventa
tan sólo en la esperanza de que la paz nos llegue
y el futuro se siembra de estas absoluciones
bendecidas, si un gesto, una risa, una lágrima,
aceleran el bronco corazón sorprendido.
Pienso que tras las brumas que esconde mi montaña
otras tribus fabrican sus útiles: tatuadas cerámicas,
un candor en el barro,
y tal vez cuando vuelan las cigüeñas,
retorna así una nueva estación a la tierra.

Nunca a tu frente llegarán recuerdos,
el hervidero eterno del panal de la infancia,
la candela que guarda tu humano sacramento.
Nunca los cánticos.

Caminas en el bosque,
duermes entre leopardos,

sumergen linfas claras tu cuello en la frescura,
oh padre derribado al exilio constante;
así tu perdición y tu martirio.
Porque nunca triunfa aquel que no comparte
en los otros de al lado su propio paraíso.

48

3

Cuando en los plintos duermen las serpientes
y la rauda maleza del centauro
holla así, profanando el recinto del canto,
el dios asoma su mano ensortijada y esparce
desde la ojiva sideral sus preces
como un vaho que detiene; tal vez como el mandato
de que la bestia abreve en ciénagas y lúpulos
y el hombre entone laudas
separando del caos la cantiga del trueno,
y al odio de los ángeles portando sus violas.

Soñó sus parques húmedos
resbalándose en dones de injertos y de pámpanos,
y punzando los dedos,
dio un cálido alimento a las turbias abejas,
su sangre en holocausto.
Así es dulce el mandato:
la deidad coronada por redondos racimos,
su cuerpo iluminado que una hopalanda oculta
de la negra vertiente del mal y los aprobios.
Hermoso dios para ondular el coro
que del dulce ofertorio se alza en la abadía;
y paseando solo por los claustros,
el avellano cortas y rasgas mimbres dúctiles,
igual que Guido D'Arezzo creando aquella escala
virginal de la música.

Él prende faisanes por su vuelo
y la torcaz paloma posa extáticos aires.
La majestad detiene sus cíngulos de oro
y hacia el Norte contempla,
y allí bendice el verbo letal de los creyentes,
y el toro de la furia hunde un dócil testuz
y a la pira se acerca.

La daga de diamantes,
como hiriente custodia de reflejos,
abre la sangre.
Oh torrente nutricio ardiendo en forestales
bosques humanos. Ojos despiertos, cuerpos ya fundidos
en la amatista última de la rubia tiara.

   El primer sacrificio vuelca esquilas de júbilo.
Sangre y sangre decoran todas las epopeyas,
y una lluvia bendice, dioses,
vuestras diademas.

49   4

                              Para Helena y Narciso Merino.

   Quién que no sea un dióscuro radiante
puede ordenar destinos y hacer que la crisálida
su vida en ninfa ordene, y así termine
una anchurosa especie que la seda aprisiona.
Quedaría así el rey perplejo en los inciensos
que la coronación potesta. Y erige sus mandatos
del vasallo al venado; de la ley a la justicia,
mas no a la naciente larva que enhebra
ciegos sueños perdidos en su huevo primario,
y allí desata mínimas primaveras de polen
y en soledad camina por la savia del árbol.

   Sólo un dios crea los sueños
y el ministril quien canta,
cuando el fuego decora los blasones orlados
y el tapiz del jerarca muestra ciervos heridos
por ballesteros rojos de una impía clemencia.
Más nunca aquella mano de caliente cobijo,
mano solar lloviendo una luz derramada,
candil para el adviento,
avivará jamás sobre la carne dócil
que inocente en la escarcha purísima del bosque
pace así su dulzura
en tornillos y yerbas o entre linfas heladas.

   Tañe un rabel y ruecas hilan túnicas,
y portan caballeros lanzas, borlas y códices,

y absortas quedan huérfanas sus miradas violetas.
(Corte de Justiniano sobre un friso de Rávena,
enmudecidas almas a una muerte invocadas.
Las sandalias reposan
y el tiempo va comiendo esos panes de oro
que su mortaja impuso entre escudos de bronce.)

Mientras que la crisálida de nuevo engendra el orden
de la ciega criatura que un dios, allá, ilumina.

50   5

Pensarían los nobles que aquel estado iba
acorde con sus almas,
cuando Felipe, duque de Borgoña, vistió de negro el cuerpo
y de negro aterido sus mastines de caza,
y en negrura opulencia enjaezó sus corceles.
Pensarían amores enlutados,
tiernos epitalamios bajo oscuros doseles,
a pesar que en la plaza un festón amarillo
y un almenado cielo siempre celeste, hundía
sus astros en la anchura
como duras monedas derretidas.

Pensaría la corte que el orden era un lento
silencio de donaire,
y a la hora del cónclave, un solo candelabro
ilumina el sitial
donde la voz suprema viene a dictar las leyes.

Sólo el halcón extático vive sueños de ciego
con sus ojos ocultos, mientras posa en la alcándara
y ya liberto, un blanco resplandor de paloma
le nublará sus garras cuando el aire volado
deje a la muerte un pálido desgarro entre las plumas.

El juego así separa lo oscuro de la risa.
La reverencia impone sus pactos, cuando cruzan los nobles
entre las galerías guardadas por los antepasados
y en brocados ocultos, un áspid o una daga,
prestan su centinela a la vida que puede
fenecer bajo un palio o alzarse entre la gloria.

   Cuando en la porticada piedra que agrupa al pueblo umbrío
los mercaderes tienden sus telas, o los vasos de especias,
y hunde la madre el puño en la masa del trigo,
o el jornalero apero se aposenta en cansancios;
nadie entiende que el orden sea otro que el trabajo,
el sudario del limo cubriendo las pestañas
y las ajadas piernas agrícolas del campo.
Pensarían tal vez que era el solaz momento
de agruparse en la hoguera y cantar sus misterios,
cuando la monocorde vihuela arpegia sus silencios,
y Guillermo de Aquitania trova historias felices.

   Manos nobles, zafiros y tiernos cascabeles,
levantan por la plaza un oscuro cadalso.

51   6

      Antes que de los hijos le llegaran sus crótalos
   igual que campanillas de una misa con pájaros,
   acarició el marfil, los camafeos
   con efigies sagradas, yacentes relicarios
   donde una sola hebra de estameña retuvo
   el roce de una piel macerada en cilicios.

      Apoya así en su vientre curvado de latidos
   los lúgubres exvotos. Humedece sus blondas
   en vinagre caliente y ceniza de fresno,
   mientras el hijo duerme sus recónditas nubes
   ajeno al exterior plañidero que muda
   de llanto las alcobas, de sábanas cruzadas.

      Cómo nieva en los pórticos San Silvestre enlunado.
   Trae un duro granizo rodando en los alféizares
   y apaga las lucernas con sus soplos de cierzo.
   Así el miedo convoca sus diablos;
   y espesan a la noche cortinajes de yute,
   porque el vientre no fuera rozado por los dardos,
   aspavientos del *jazz* de la tormenta,
   sino tan sólo por la jiba y el paño
   del bufón que así ordena cómo la madre tiende
   su desgarro; sus ingles florecidas
   sobre un campo de gules cruzado por los rayos.

Este que así se ofrece, tierna asunción de espermas,
sobresalto de terso plumaje entre jazmines
por donde se desatan alvéolos de júbilo,
viene a perseverar un linaje de mitos,
una guardia iracunda de altivos estandartes.
Y el pueblo entona cánticos,
y gallos y clarines
rasgan blandos silencios del hombre que en la parva,
ve pasar al cortejo que anuncia al nuevo príncipe,
y cede así su plato de primogenitura.

52   7

Aunque los evangelistas lo olvidasen,
claro está, que aquél cuyo oficio es el canto,
lleva el pecho signado por señales amargas.
Cuando el patricio noble mojó su tierna mano
luego que escanció vino de Naxos en los búcaros,
la asamblea inmoló sus corderos pascuales
y la mitra bendijo el cenáculo ebrio.

Hubo una lluvia lenta de pétalos dormidos,
porque gozoso fuera ver nevar al estío.
Fueron sueltos los pífanos y rasgadas las túnicas.
¿Quién canta que no sea la voz en el desierto?

Oh maloliente esparto de sudor, sed abrevada en charcas;
el asno que se ahuyenta porque es dura la carga,
la lluvia bautizando los secos costillares
igual que un arpa eólica vibrando con los céfiros.

Llueven pétalos dulces, almendrales nevadas
sobre los condestables hombros de la lujuria.
Allí la hacienda guarda sus parques opulentos,
estatuas de los dioses, alazanes de África,
y un topacio destella su límpida nobleza.
El tedio juega un dado con desnudos esclavos;
jugaremos la vida bellamente con sangre,
y así, por juego irrumpen oscuros condotieros
y al alba de la fiesta hunden garfios, manoplas,
sobre los inocentes degollados que exhalan
aquel canto que hervía imposible en sus pechos.

53   8

Cuando entonaron las corales al órgano,
raudos esquiadores fueron trizando nieves,
despojando sus clámides.
                                    El viento meneaba
allá, sobre la fiesta, los vestidos nupciales
y era grato el paisaje, por donde Van der Weyden
inspiró su retablo de siete sacramentos.
Y el gran maître ordenaba las viandas, prodigios
del plácido jardín que césares orlaban
truncando samotracias.

La victoria festejan con vencidos despojos
que en un campo calcinan calaveras y harapos;
o una mano que agrupa su muerte y su medalla,
como final recordación del lar;
aquél, donde aún esperan mujer, hijos; dementes
descendencias de sangre labradas al amor
del tálamo rojizo de la aurora.

Regresarán. Esperan la esperanza
del patriarca que trocó la azada
por arcabuces broncos o ballestas.
Y es allí donde la procesionaria
va recorriendo vides, embebiendo los zumos,
y el chacal ya se atreve a beber en la acequia
y nadie más que el hijo es un triste vigía,
espantaaves, carne de encinar sin raíces.

Felices bailan gráciles, rubios esquiadores
y a su paso se apropian del cáliz, y allí beben;
y donan reverentes su triunfo, y blasonan
una nueva señal a sus escudos,
amparándose en tristes epitafios
que alguien que cambió sus últimas monedas,
fue a grabar en un mármol dócilmente funesto.

Sobre las carnes de la hacienda, dime,
victorioso vasallo de otro tiempo,
si mi último pan, o el odre en que arracimo
la sempiterna sed que bebes como justo,

será igual en el hondo devenir de esta tribu
que no puso a recaudo sus simientes,
mas sí a las letanías de Berceo.
Y cubrió con su muerte este manto que alguien
impuso desde el día primero de los dioses.

54   9

    Aquellos que en la plaza
sus indolentes cuerpos balancean,
ajenos al clamor transeúnte que roza
la extraña vestimenta nacida nuevamente
de un arca entre alcanfores;
y dejan resbalar sobre la nuca oculta
desplomadas melenas de tedio
y apretando en el pecho sus guitarras
igual que un alimento de cadencias,
observan, y no hablan más que de sinrazones,
duermen al sol a veces sus casacas de húsares,
sus gorros frigios, o cruzan botas escandinavas,
ocupan sin un gesto los limpios habitáculos
de las gradas de mármol del museo romántico.

    Era costumbre, luego del vals de los domingos,
alimentar palomas con la miga del pan.
Descendía en volandas la bandada, nevando
su alboreo en los dedos sagrados de la infancia,
mientras por las rasgadas celosías del claustro,
veneradas reliquias iluminan vitrinas
sobre rojos damascos:
                      medallas, rizos, cartas;
la pistola y su óxido de azufre aleteando
sobre las galerías del palacio; recuerdos
de aquellos rostros ídos; panoplias y retratos
y una espineta de caoba con grabados al fuego
de la llegada de Lohengrin.

    Los letrados hacían genuflexión; saludos
al conocido canciller que dulce
apacible, delicadamente,
pasea bajo el castaño
a su devota esposa erguida en los encajes.

Ya no rondan palomas caídos altramuces;
ni el herbolario corta hierbabuenas;
sus calleras y bálsamos; acantos, celedonias,
sobre la balaustrada del museo romántico.
Ahora duermen dementes habitantes hirsutos.
Abrazada guitarra, extraños en su tiempo,
cantan a veces, fuman, beben, aman,
delicados tobillos de muchacha en bostezo.
Y pasan los letrados con su charol de urgencia;
ellos miran las torres
y niños importados apedrean sus espaldas,
mientras que las palomas sostienen su protesta.

55   10

A Alfonso Canales.

Dómine, gloria.
                    Presta tus brazadas
a la corona que yace bajo el palio
y al sitial que un vacío ocupa con su huella,
deja que pose el blanco perdón de tu mirada.

Dómine, muerte.
                    Heraldos se santiguan.
Portan los arzobispos tu código y linaje
y el pueblo se anonada sobre el atrio llovido.
Palafreneros tristes van otorgando dádivas
al romero que sigue su estrella, la henchida calabaza
de una sed peregrina.

Hay antorchas que inmolan fantasmas de resina;
crujientes lucernarios de oquedades
sobre los nobles rostros; alicaídas penas
de infantes reprimidos.
Dómine, Señor de los ejércitos.
                                Un héroe
amordaza la furia de un labrado alabastro
por donde ya desciende con su malla ceniza
a combatir el sueño perenne de los claustros.

Dómine, Santo Espíritu.
                        No cantan los coreutas,
gritan su misa negra cuando el bajo reprime

el coro de las monjas, que del riego de albahaca
del compás con cipreses, han subido hasta el alma.

Oh mi oración, mi historia entre estandartes;
barrizales hollados por corceles. ¿Cómo ahora el presagio
de que el héroe fenece puede amparar la hacienda?
Será el pueblo, inclinando sus renuncias,
cuando futuras ferias pongan cerco a la vida;
y allá, en un rincón de la sala, el dulce clavicordio
nos deje a medio amar tantos goces pasados.

Canta la ceremonia sus preces. Vacían
sobre sus pechos los óleos
y un tambor estirado bata sordos avisos
como ahuyentando lúgubre corneja a otras almenas.

Esta gloria reside donde la piedra guarda
sus escudos cercados por nidos o la yedra,
y una mesa sostiene el pámpano y la harina
sobre una descendencia de roble y pastizales.
Dómine, alegre.
                    Tu victoria se exalta;
resurrección del cuerpo que un día bata campos
de verdor y torneos, y allí arroje de nuevo
su plumaje de oro hacia un aire de triunfos
y la arena tan sólo sirva para el galope
de esa muerte que ahora esposan con los cánticos.

Han vuelto los prelados con sus cruces de plata
y bajan del cimborrio negras rosas de plumas.
Llueve la pena un dulce, plañidero cortejo.

Dómine, gloria.
                    Celebran funerales
en San Pedro de Cardeña.

56   11

          Fue pesaroso el caminar. En andas
          los tullidos mecían un brazo entre los líquenes,
          y a veces, a su aire, un tomillo quedaba
          como anillo en el dedo

otorgando una mínima y olorosa presencia
al azogue del cuerpo cubierto de demonios.

Allí el padre transporta
una angustia llamada inocencia,
como un morral de sangre, sobre los viejos hombros.
Y el que avanzando viene de rodillas
por la piedra caliente,
con un trozo de hábito de San Tarsicio mártir.

Canta el kirie sus largas sílabas de brillantes.
Está muda la encina de las apariciones.
Alguna vez un mirlo canta su gregoriano
repique entre las hojas.
Y ya, los apostemas y las vendas,
entablillados huesos que el molino retuvo
un instante tan sólo para quebrar las vértebras;
o las cuencas cegadas del fuego en la calera,
blanco hervidero donde un infierno presagian,
cerca el árbol de atónitos rezos enmudecidos.

La caravana impone su doliente espectáculo.
¿Cuándo vendrá el Bautista que anuncie el nuevo reino,
con la dura pelliza de animal del desierto...?

Pasa la montería en pos del gamo huido.
Al aire las gualdrapas donde bordadas armas
dan más presteza al ágil corcel que salta y holla
sembrados y tapices de la yerba del campo.
Miran así el coro de inmundicias
que por la encina esplendorosa aguarda
que el milagro renazca; la tiniebla del ciego
sea luz de ventisqueros;
las llagas y la lepra den una carne noble;
la muleta se mude porque el hombre, al fin, huye;
o este ciervo que muerden los mastines del noble
y ballesteros tensa mirando su frenético
corazón perseguido,
llegue al dulce cobijo, corte de los milagros,
y allí le oculte o abreve, de calor o alimento,
ahora que las jaurías van cruzando estos prados.

Acto de fe. La última promesa
queda yacente sobre el martirologio.

Festejan carnes tibias,
y el sardónice ocupa
la estameña de aquél
que clama en el desierto.

Tenemos una sombra de encinar que nos cubra,
agasajo de un dios sonriendo en el árbol,
y las víctimas mínimas del perdón
cantan salmos felices
ahora que ya los cuerpos no sienten sus heridas
y ángeles custodios riegan lentos rocíos.

(Mientras allá el venado se dora al lento fuego,
en la Corte preocupa qué embajada de púrpuras
ofrezca o no tributo a Roma o Avignón.)

57   12

Cuánta pasión quisiera ver nacida
como un temblor, que al hoyo de los ojos
ponga un sosiego.
                    Al igual que la flor que aroma el agua
del estanque amarillo, y aun germina
abriendo su corola para las libaciones;
y aunque desarraigada sigue viva
y ofrece el pacto, su tributo al aire,
el polen trascendente de afanarse en los otros.
Así las cuencas yertas
por donde en otro tiempo
el ciego vio las nubes inventadas
contando recuas pasar frente a su porche,
sube lento hasta el último alminar su cabeza
y allí posa y recrea su invención de la tierra.

Le acomodan al atrio su pliego de cordel.
Canta y canta a los mártires;
siempre el protagonista
será martirizado igual que su mirada.

(«Una doncella era
de limpia cuna.»)

Y al oyente le duele,
más que el vituperio,
el saber que existían incólumes linajes.

Llenaron su escudilla, avena de limosna,
confundiendo alimentos con monedas de cobre:
unos ajos, un pan, un mosto, unas naranjas,
sintiendo así otra vez el placer de escuchar
nuevas degollaciones:

(«Sus votos profesaba
a las llagas de Cristo.»)

Huérfanos de un camino,
Lázaro de Tormes,
siempre yerra la estampa que se canta.
Allí sus ojos rápidos repasan los jubones
o el gallo que en la tapia quiere anunciar la aurora.
Mas cuando el sol se funde en estas ciénagas,
paralizado ver, canta el asesinato.
¿Será porque las sombras adivinan un triste
morir siempre de día y sepultar la noche?

Ciega es la memoria del que sólo adivina
y pastorea el llano de la mano de Lázaro.
Así el mundo se enciende en oscuros designios
que van desde el deseo hasta las realidades.

Cuánta pasión quisiera hasta cegarme,
y adivinar así, perseguida criatura,
que en cercados descansas tu ácimo destierro,
ver un momento sólo esa mano que dicen
que viene bendiciendo a los desamparados.

58   13

Porque la caridad obliga, rostros alicaídos
dejaron en la sala.
El delirante,
se yergue con los ojos, mirando tras los cirros
que arriba aprietan llamas a los soles diarios.
Sujeto por los brazos de la misericordia,

hombre que de otro mundo transhumante llegaba,
maldice con su risa y en su llanto nos reza.
Las mujeres vertían un agua bendecida
colgando estampas verdes de las sábanas.
Al hervor del guisado ahumaban yerbas cálidas
y cortaron sus trenzas.
                                    Los niños en la calle
ruedan guijarros, alzan sus cometas,
deshacen su niñez igual que con las piñas,
la pedrada fugaz abre el leve alimento.

    Postrado sobre el yermo de su asfixia,
el hombre nos miraba sin vernos las heridas:
(«Señor Apóstol, ¿por qué los túmulos?
¿Quién llora entre las tinieblas?»)

    Mujeres al conjuro, hervían soliloquios
de oración.
Los justos, lentamente se beben
la fresca agua del ánfora
y el poseso gritando en las tinieblas
del inventado túmulo, sus mementos inmola.
Realidad más certera por que la vida estaba
anclada en el delirio de su cruel agonía.

    Niños sobre las briznas de verdor que en los patios
danzaban en sus juegos, felicidad inocente,
allá sobre los riscos, guerreros de orfandad,
fletan barcos de sueño por el río del futuro.

    Mientras nos apretábamos las manos,
el delirante explica su vida entre palabras.
Hay un temblor presente, nadie aspira
la locura del hombre. ¿Quién muda su equilibrio
hacia esta evasión de la demencia?

    Tiene que vernos como atónitos gigantes
que han venido a medir su mortaja;
dementes impasibles para esta ceremonia
de andarle contemplando, igual que si anduviera
por la pista de un circo, extraño a nuestro alcance.

    Mientras que el rostro vuelve hacia la lámpara,
bebe la luz humedecida,

el cristal que le copia un rostro maniatado
y devora los gritos, llanto de su presidio,
y los niños desatan sus cometas, y el agua
naufraga entre los barcos de papel, y la noche
le envuelve ya, la exalta, nos apaga las luces
y a su muerte quedamos transidos, bestias mínimas.

La oscuridad del mundo nos une para siempre.

59   14

A Manuel López-Ochoa Ruiz-Bravo.

Allá, en el centro del versículo,
urdían extrañas aves carátulas alegres,
o bien trágicas máscaras que el espanto azuzaba
sobre el corral de viejas comedias de domingo.

El gallardete indica qué viento reina trémulo
mientras el pueblo escucha las historias perplejo.
No el actor que así salta y entona cascabeles,
y de súbito expira, o canta en su viola,
es el que representa.
                              Los atónitos ojos;
los oídos atentos al ancho derramarse
del cántico, pueblo que ya silencia
tanta acción contemplada sobre las tablas altas,
es quien vive o fenece recibiendo el mensaje,
del coro enmascarado que así asedia la vida.

Leccionario de altivas oraciones,
el hombre escucha el acto primero.
La luz es blanca, porque siempre
la exposición de aquello que acontece
debe ser claro.
Le ofrecerán los seres que inician la osadía
de inventarse un destino,
como si fuera lícito
esto de andar a tientas enhebrando otras vidas
con la nuestra que a solas ara su estrecho campo.
Invitación a otro porvenir;
la meditada comunión entona
su soledad diabólica,

porque fuimos de niños ya apartados
en aquella avalancha que la sangre sembrara.

Luego se tornasola una luz de negrura,
porque el nudo del acto segundo representa
sólo el caos.
Aquí ponen las gentes sus rostros entre azogues
y avizoran un lento peregrinar de túmulos.

Por Almagro pasaban pandoras descubriendo
cajas funestas;
o una canción feliz, donde el hombre se entrega
voluptuosamente en mentidas promesas.

Ya se enciende liberta la roja luz del trance.
Nunca adivina el hombre otras claras promesas
que no sea el saberse compartido en su angustia.
Y allá el bufón saluda,
mientras cae el telón, muerte, del desenlace.

60   15

He visto, por mis sueños inventados,
otro distinto ser, de ese diario
cuerpo que va curvando su cansancio.
Sé que ya no repara en otros habitantes,
sino que ciegamente sigue el peregrinar
que crece de sus piernas, y se muda
en el cuévano indómito del hondo corazón.

Quisiera poseerte sobre una tiniebla,
oh realidad mudable, y allí bastarme siempre
de lo que así acontece, para poder decir:
qué patria; cuál mi casa; qué amistad es la perenne,
y no andar transformándome cada vez que se inmola
la vida en tu cortejo.

Te he visto en el fondo del mar.
Tus cíclopes medusas absorbiendo pequeños,
diminutos deseos; o en esa catedral,
caracola del fondo, donde resuena el mundo.

Y pensé que de súbito la noche fue abrazándonos
cuando la manta-raya nos cubrió con su cuerpo
y del silencio sólo tu agua nos llegaba.

¿No bastará vivirse en desaparecidos
mascarones de proa, con sirenas labradas
sobre panes de oro, ya tumbas donde nadie
adivinar pudiera tu epitafio en la tierra?

Has de salir a esta superficie anegada
por tanta vecindad desconocida
y allí paliar tus días con el mismo lenguaje,
los vestidos de idéntico color y dorar tus espaldas
con el sol que amanece sobre la misma isla.
Aquí es, sombra mía,
tan extraño a los otros, donde tu reino existe.

Aquí un patriarca entreabre los dedos
y bendice la espera, su amatista violeta;
y te acercan reidores carnestolendas ebrias
y sobre las blasfemias
vas cerrando los ojos
hasta cubrirte el cuerpo, tu manto de ceniza.
Y sueñas otro tiempo
donde habitante fuiste, perdida realidad.

61   16

Quien retuvo en sus ojos el paisaje nativo,
luego que migratorias cigüeñas presagiaban
el cambio de estación.
                            Aquél, desde la infancia
descalza, feliz corriendo entre húmedas mazorcas,
detiene ya su vuelo ante el carro de títeres
y sabe así los trucos y los recitativos
de tanta letanía, por extasiarse siempre
mientras muerde los granos tostados del maíz.
¿Cómo puede más tarde, cuando herede
aquellos abedules y el viejo semental,
cambiarse en otra alma?

Siempre tu antiguo aroma será quien restituya
a la hacienda presente, la cosecha.

Cuando al patio te entras para cambiar el cuerpo
y el aposento duro de tu carne descanse
entre jilgueros rubios que entonan su salmodia,
puede que mires el flotar dulcísimo
de Sandro Botticelli,
y Ofelias entre blondas, rosas vírgenes nórdicas,
custodiadas por ángeles que coronan el pudor de tus prados,
den paz a tu paisaje.
Así descuelgas la guitarra;
se enredará otro viento entre sus cuerdas,
pero tú seguirás apacentando el ciervo
de la niñez varada en su embozo caliente.
Y puede que otro olor, o nuevos alimentos,
ronden ya la planicie de tu hombría,
pero siempre aquel son,
prisionero atributo, alma por siempre erguida,
paseará otros cielos, por donde Aldebarán
ya no asome a tus ojos,
y te cubra esos lentos techos que un día poblaste
con una antigua música de quemadas vihuelas.

62   17

A José Luis Cano.

   Extranjero en la plaza, tus ojos se aposentan
de la arcada al balcón; del friso a las estatuas.
Queda arriba una gloria de excelsitud celeste
que hemos llamado cielo.
Mas tu recinto es este del soportal. Hay huellas
sobre el mojado patio de la alhóndiga.
Otros pasos madrugan, otras vidas no vistas
surtas ya por la tierra preceden la andadura
que soñolienta dejas bajo lámparas rojas.

   No puedes apartar esa canción que vuela
de otras azoteas. Alguien canta inclemente
la horrible letanía impuesta a la quietud.
Miras la plaza llovida entre sus yedras;
sus amantes ocultos bajo capas; el estertor de la sombra
que así puebla el amparo del amor de los otros,
y de tu soledad.

Al rey que en la plaza frena un corcel de bronce,
el musgo ampara un verde borceguí de guerrero.
¿Quién fue el que pudo perpetuar su rostro,
su ropa, sus caballos, su mandato?

Tu habitación es blanca igual que la piedad.
Los utensilios portan calor cuando preparas
el lavatorio.
                        Corre el agua en tus ojos
y una limpia ternura edifica en la plaza
estatuas animadas.
                        Bailan seres al paso,
ceden antorchas,
cantan al fin el cántico que nunca
romperá tu silencio.

Silbas ahora por la plaza umbría.
Y solo con su muerte
se queda el soñoliento caballero de piedra.

63   18

Delante de las llaves, al amparo de las interminables puertas
que era justo franquear; igual que una mano acaricia
esa frente ahuyentada y a la pena así borra
de hirientes alfileres;
y la playa rizada del cabello
queda anclada en las blondas
del cabezal.
Y ya conforma que el amor, tan sólo
fuera un tacto de dedos por las sienes,
como un irse hacia el sueño, pero nunca dormido;
como cerrando el párpado, peces que naufragaran
por bodegas de agua entre ebrios toneles.

Eran tiernos velámenes colgando de los frisos,
tan sólo, porque el tiempo cambió telas de araña
por espesos brocados. Y el aire de tu cuerpo,
perfumando rincones, quedará solamente
en el mosto que crean los retratos,
cartones verdecidos de humedad,

por donde largamente tus piernas ascendían
del tobillo de vidrio, flotando hacia las ingles.

Era justo pasar por las puertas vedadas:
estancia del recuerdo, habitación prohibida.
Allí los muebles crujen al poniente su ébano
y siempre este rumor fuera duende en las noches
porque el día se ahoga con el canto del mirlo.
Ahora rozan los dedos por la frente
una fiebre que arcángeles custodios precipitan.
Cuando tu dedo pasa por las venas,
asciende así la sangre su bandera;
mas cuando el oro del anillo nubla
el pelo derramado,
vuelven llaves inmensas a vaciar en las sombras
galerías con geráneos,
maceteros de barro que lentamente fuimos
acariciando su arenilla húmeda,
porque tocar la tierra nos fuera permitido
en la indómita edad del niño alucinado.

Peregrinar a solas
de un campo al dormitorio,
del trigo liberado al alcanfor.
Cuándo las duras puertas abrirán para siempre
los tibios corredores donde tu cuerpo aguarda
ceñido entre las sábanas que mi mano destierra.

64

19

Mientras sucede la resurrección de la carne,
inmortalizar, hijos míos, con rosas tatuadas,
el túmulo de mármol donde mi ausencia yace.
Sólo el nombre se queda perplejo en el bautismo.
Nunca la carne.
Id poniendo apellidos inventados detrás del nombre puro.
Una corona emerge sus gladiolos y oculta
lo que de mí conozco: estaturas anónimas;
miembros alzados de sostenimiento;
otros que penden, almenando el pecho
y así se balancean y adquieren los objetos.

O quedaron hermosos del trabajo
o bien prostituidos al no darse en los otros.

Vamos a tapiar esa avaricia.
Aquí la cal que arde cuando el sol la contagia
va a borrar estas siglas.
¿Qué importa la nacida criatura?
¿Qué tendrá de presagio al extinguirse?

Una vez fui dichoso al borde de aquel tajo.
Lanzaba los guijarros hacia el fondo y, a veces,
rebotaba en un pez.
Estaba adormecido por el rumor del agua
y amaba una figura con palidez de anémona.
Pero la paz tan sólo fuera así inventada
porque aún tardaría esta generación
en escribir sus epitafios.
Quedaban peces ciegos iluminando el mar,
interminables cantos rodados,
o conchas con salitre
que abatir en las linfas.

Hijos míos, qué felicidad cuando nada nos piensa,
ni ya entregas de bruces tus ojos a la arena
por descubrir recónditos senderos de larvas ateridas.
Pero pensad, hablo de la mortaja,
mi funerario, mi agotado mar.
Sobre él oficiaron entre lentos crespones.

Sólo quedan ahora nuestras vivas espaldas
combadas como mieses
que un viento y otro ondula, meneando sus raíces.

65   20

Hay cada tarde, entre el sosiego, una bruma de mártires;
porque aquél que en el fondo deposita sus ojos,
algo inmola con ellos.
¿Absolución será? Renuncia
a dormirse en el frío que deja la memoria.

Allí acodado, con veleros sin prisa,
dejaste así la carne reprimida; algo de sueños
quebrados entre el viejo estertor de los días;
meditaciones sobre el último
rutilante hemisferio,
cuando a través del viaje
no importaba llegar hacia el destino,
sino gozar airosos en las parvas aquellas,
o abrazar el desnudo espantaaves
que en el ciego repecho
fuera crucificado entre los pájaros.

Será por ello que el martirio existe
tan sólo en las renuncias
y no en un macerado cuerpo de apostasía,
o en ese desgarrado corazón que se incendia
cuando la lanza irrumpe sus vértebras tronchadas.

Dame la pena del arrebato,
quien es pasión es muerte presentida.
Se incendia así la aurora porque un sol resucita
resplandores dormidos.
Mas nunca los deseos,
el anhelo truncado, tu país,
el jinete que cruza los tibios arenales
dejando en cada huella la promisión que aguardas
y que nunca se alcanza.

Será como un gesto de verónica; un plante,
a ese martirologio,
que da el peregrinar por el sótano angosto
de aquellos ideales
por los que nos jugamos por siempre la inocencia.

En cada bruma de un arca,
con membrillos que aroman las telas de la herencia,
o en esa habitación que custodia vitrinas:
el nácar, con su hurto marino de reflejos;
la porcelana del ídolo; la panoplia, abanicos
para aventar encalados estíos,
hay como un sosiego de mártires y olvidos,
igual que en la inclemente hora de los retornos
cuando el padre traspone la esquina de la calle

y en sus manos cansadas una mancha volcánica de aceites
va puliendo su piel,
hasta así adivinarle la mortal delgadez de la osamenta
que aún se atreve y acaricia
el rizo, el alboroto, que la infancia inmolaba.

   Hay cada tarde, por sus brumas,
un ceniciento espliego que aroma las corales.
Mártir de tus renuncias, queda sólo
un huérfano perfume
como un canto transido que se eleva
hacia el aire entre lentas
palabras derramadas.
Sangre del justo, vida.
Penada realidad.

66   21

                                                        A José Hierro.

      Talla el rayo su garra en lentos nimbos
y en oquedades volteada truena
una eclosión de pasmos.
Reptiles van de fuego enfebrecido
iluminando noches de angostura.
¿Qué terror edifica tu cobijo?
¿La llamarada que mutila el aire
e incendia el almiar,
y deja una candela silenciosa en los cielos?
¿Tal vez ese derrumbe mortal de costillares
rodando en las cavernas atónitas del valle;
explosión de la ira, ruido de fanfarrias;
precipitados ángeles?

   Iluminas el viejo palimpsesto
mientras narras tu vida entre tintas violetas.
Escrito el compromiso, puede que el rayo imponga
su letargo sangrante;
alas heridas del recuerdo; bóvedas
para huir; enrejados vitrales
que tornasolan luces, mas nunca la del aire.

Esta capitular, orfebrería
de colas de faisán,
inicia así el capítulo del trueno.
Una mordaza desterró la lengua
de su puro latir.
Habló entre dientes, dio su reportaje
de aquello que en la plaza acontecía,
sólo a su corazón.
Un alimento en voces entredichas,
un anegar recóndito de aquello
que nunca supo el hombre
si fue blasfemia u oración helada.

Dí qué miedo inmoló tus palabras de barro.
No el relámpago cruel, no la hecatombre.
El terror fue el silencio.

67   22

Tú, mi caudal, mi río sosegado,
cuerpo yacente del ansiado vuelo
que nubes pastoreas; vieja es la mordaza
que el mastín de tu sombra agazapa en la tierra.
Así, arrebujado por las tristes piedades,
oculto cautiverio, frenesí de ser libre
en conciencias tan sólo, mas nunca en la fortuna.

Aquí rotas labranzas diseminan
los escombros rodantes de los sueños.
Allí alzan, festejan efemérides,
guirnaldas a los héroes inventados.
Mi anónimo fulgor, ¿por dónde vaga
la hazaña de vivirse entre los otros?

Rendida está la carne sobre el campo,
habitación del pájaro, aire domesticado.
Prende el nido; tu alma ahuyenta halcones.
De bruces meditabas: un hormiguero cruza
el arenal del pecho; portan reinas dormidas.
Todo será del menester nutricio,
trigo que aventa un céfiro pequeño,
miga caída, insecto derrumbado.

En los charcos, amebas resucitan
sus letales inviernos; un estertor empuja
la cenicienta guarda de los siglos.
Ahora avanza su lento pie sin paso.
Mover la vida. Vierten, multiplican
cromosomas libertos.

Allí, sobre las ciénagas, un mosto engendra el orden,
la penumbra entre soles eclipsados de agua,
degollación del canto por canciones talantes.

Tiberio corta un dulce rosal.
Corona sienes en el circo;
mueren hombres desnudos.
Tú, mi caudal, mi río en arrecifes,
pones tu cuerpo al lado de los justos.

II

A Arcadio López Casanova.

23

68   ATRIBUTOS HEREDITARIOS

Como el signarse la frente con óleos santificados
y apostrofar al ciudadano que tropieza inocente.

Como acompañar en el sentimiento del muerto fronterizo
y dejar sin compañía el blanco bastón del ciego.

Como el recitativo del decálogo pétreo
y no hablar de la pura desnudez de la gracia.

Como beber un lento alcohol de circunstancias,
mientras cierra sus puertas la taberna del pueblo.

Como esto de andarse escribiendo la vida,
cuando sólo la vida se escribe por sí sola.

69   24

Como el fuego que dora su opulencia
y cruje en la retama y vuela en ascuas
y expande humos de olvido y colora la noche,

esta mortal resina de los cuerpos
aguarda en la aterida corteza que se yergue,
que el incendio libere la carcoma que nace
desde el brote primero de la humana raíz.

Purifican los hombres su cruel incertidumbre
quemando hojas de vida, lentas yemas
que brotarán en frutos si el lento invierno fuera
menos mortal al alma que el frío a las cerezas.
Así templan doctrinas; así el duro
porvenir fragua en fuego su templanza,
expiatoria sumisión que crece
desde el niño al atónito concierto de los mundos;
llagada espera, crecimiento en vilo,
hasta irse llamando hombre según las hondas
cicatrices que marquen su extraña fe de vida.

Sube el humo, aire hermoso,
ofrecido en la pira del transido homenaje
y los ojos remontan ese vuelo en su ofrenda
tan pura del mirar.
                              Ojos míos quemados
contemplando la tierra, ciegas aguas
paradas en la luz de las pupilas,
mudos aljibes del corazón
que buscan la templanza, perdiéndolas allá,
sobre la cinta última, ensenada del tiempo
que regresa y se evade eternamente,
portador del Ulises que navega en nosotros.

Con el fuego en los ojos, la promisión aguardas,
y vamos hacia el hondo viaje de los días
quemando en el deseo los crueles paraísos.

70   25

Partir la fruta, sazonar viandas,
cuando el fuego enternece al horno los manjares,
y hay un olor crujiente de piñas al anafe
que aroma así la estancia de un perfume a familia.
Viva recordación,

donde una larga claridad difunde
por el ámbito aquél su aroma de cantueso,
hasta que nuestra ropa huela como entonces
y de súbito pares
este peregrinar,
para extasiarte ahora del rincón encontrado
en esa hospedería que la noche te obliga
a aceptar. Y allí encuentras
el zaguán, o el cerrado gabinete,
o una antigua botella con pasas y aguardiente
que en alacena espera el madrugar temprano
del que inmola sus días al trabajo.

   Dulce carga sin peso
esta llamada que te obliga y puede
detener la andadura, por degustar siquiera
el sabor encontrado, o la colcha con flores
que allí extiende el bordado jardín de una paciencia
hilando entre la seda las pestañas maternas.
Qué importará que pierdas los caminos,
que nunca sirvas para nada útil,
que hayas llegado tarde cuando todos regresan,
si te has puesto a pensar alicaído
tras labradas cancelas que el sueño abre a tu paso.

   Apóstata del último
juicio de conciliación de tus extraños
hermanos que te rozan,
te sientes ya cansado de buscar dónde muere
aquella olvidada, viejísima María,
que a diario limpiaba la escalera de mármol,
con su velo amparando la cabeza que tiembla,
encorvada del uso de la friega del suelo;
negra vestida, negramente débil,
viviendo de rodillas.

   Cómo un sabor, un roce, un aroma indefenso,
que a tu reino se llegan, pueden mudarte.
Vas pasando jornadas, mudándote de trenes;
idolatras conciertos, pero, al fin, sólo cuenta
que tu misericordia se estremece en la vida
que allá lejos tuviste.
Y por el campo pasas buscando viejos símbolos.

71   26

Estaba por venir esa alianza
de las últimas sombras con el alba,
y callejeros perros aguardaban
beberse los rocíos ya cuajados
en ese invernadero de la flor.
El paseante aprende puros aires
que le llegan del puerto y la montaña.
Solícito a la escarcha, paseando
sus primeras gaviotas despertadas,
va oyendo así el rumor
que la vida entreabre por las casas.

El llanto aquél alado del infante;
la persiana que izada por una mano ausente
va a poner en la alcoba
tibios soles domésticos.
La gente que abluciona esa pequeña muerte
diaria del dormir
y prepara su fuego primero
para aliviar el hambre.
Y los olores tibios y el ruido
orquestal del comienzo de los días
que inaugura el establo y muere entre las fábricas,
desde el heno al carbón
o del pan y la leche a los hierros turgentes.

Tú, solitario, habitante sin sombra,
bajo el farol de herrumbre que la plaza silencia,
buscas leves hormigas insaciables
que porten el perdón
hacia el reino escondido, tu mundo soterrado.

No es la luz la que inventa así los resplandores,
paseante de oscuras guirnaldas de llovizna;
será tu pie en los otros, tu mano en la faena,
los ojos obsesivos entre la multitud
y la boca entreabierta al común de los cánticos.
Así llegas al día; así el sol entre juncias
y el sudor, y esta gloria de Pentecostés
te va dando la vida por tu vieja tristeza.

Ya que tu soledad existe solamente,
cuando tu noche trémula compartes
entre todos los gritos solitarios.

72   27

Subían hacia el campo, romería gozosa,
porque mayo empezaba su égloga en los frutos.
Discípulos del cántico,
el pueblo avanza en lentas
carretas de guirnaldas.
Parcelan césped, hunden su risa en los alcores;
extendida colmena, limpia humildad del hombre
que aquí se sienta en coro
cercando así la tierra,
habitación del brezo y del castaño
amparando la carne feliz de la alegría.

Siempre es nuevo el afluente,
porque el agua que pasa
no retorna jamás hasta su origen,
y la dicha se expande entre los pastos
como si fuera ésta la primera sonrisa;
la copla en voz alzada,
ágil volando, desde la garganta,
al oído distante, al alma de los otros.

Grana la fiesta su ilusión de oro
cuando ruedan felices cuerpos en la pradera
y allá paran gritando, o aquí yacen
la inocente avalancha de su día permitido.
Mienten así la libertad que sueñan,
trocando aquella idea que les nubla
a diario la frente,
por esta realidad del campo entre la anchura.

Es mayo quien comporta
la deidad pasajera coronada de mirtos
y esa procesionaria vida del hormiguero,
ajena al mundo, vela su futuro
bajo su ciego orden que dominan las leyes,
no el hombre, no la risa,
no el cántico del vino que se inflama en las brumas.

Cuando el hombre retorna su cansancio a las calles,
y el día es un recuerdo,
siguen negras hormigas portando los desechos.

73   28

Mediodía del banjo.
                    Descalza el sol su ebria
catarata de pánico.
                    Mediodía del plomo.
Golpeas con los pies sobre el terrizo suelo,
con tu música colgada del vientre.
Oh denuncia, ¿hasta cuándo podrás dejar acaso
de tañer esas cuerdas monocordes?
¿No ves cómo seguimos escuchando
sin poder liberar esa congoja
que en los dedos sangrantes se te abre?
Te muda el pleamar del rojo morir
hasta el banjo que asola tu pecho y tañe,
no música:
más bien cantan tus vértebras.

Estamos celebrando la boda con dátiles y cordero;
los esposos perdieron el último tren de la aurora,
mas lograron franquear las fronteras del júbilo.
Los comensales asienten,
te estamos siguiendo la melodía desde vísperas remotas.

Cuelgan las mazorcas del techo y sacos de maíz
arraciman la eterna pared del cenáculo.
El músico adormece
este velar del cirio goteando su nostalgia en la lámpara.
Sé que andamos mintiendo
nuestra felicidad,
que inventamos un cuerpo,
condecorado corazón del sueño,
para alzarlo en la cruel victoria de los días.

Pero el banjo, hirsutas cuerdas sonando
sobre este pecho que anhelara liberarse del sueño,
guarda nuestro destino, que no es otro que el mismo
rayo tajante que separa a los hombres
en posesos y ebrios, en felices y tristes.

A Carmen Conde.

Era un luto entornándole los ojos,
velo mortal ciñendo las mejillas.
Era labranza en negro germinado,
erecta flor, estambres en delirio.
Acercaremos al portal del moho
nuestras figuras ya deshabitadas.
Huéspedes de lo eterno, nos miraban
los millones de ojos ateridos.
Por el zaguán abierto en otros días,
donde se entraba aquel olor del campo
y verdecía en la jaula trinos nuevos
y refrescaba el agua en las tinajas,
hemos puesto la planta, la extranjera
pisada por el pueblo,
que va mirando el hurto
que hacemos de la sombra que les cubre.

Sigue el orden su luz desordenada.
El velador de mármol, con sus grietas,
nervadura del claro pasar de la limpieza,
muestra su óxido. Aquí escribí mi nombre
sobre la costra del hierro envejecido.
Voy a buscar los datos aquellos,
mas ya nunca
encontraré otras señas que no sean
la del mudar oscuro de una antigua costumbre.

Pregunto por el carro
por donde paseaba mi humilde trigal.
No estaba mi sudor del estío;
otra agua llovida empapaba la tierra
por donde las pisadas más puras del labriego,
preparaba su anónima mortaja en los barbechos.

¿Quién pregunta a la entrada del vivir
dónde están tus señales?
Acaso vas pensando
que en los años recuerdan tu dulce verano,

aquel de niño ausente, de asombrado morder
las cañas del azúcar rezumantes.

El pueblo está tan sólo en el presente
de sus brasas ardiendo;
los niños de la zanja se emigraron
envueltos en los años.
Tú, tan sólo,
tienes un equipaje de ternura en los dedos,
mas sabes que no basta
pensar en lo perdido.
Sólo recordarán tus vecinos de hoy,
estos pasos que vuelven
por el largo camino que cubre la ceniza.

75   30

Cerca del mar anclaba el pueblo sus líquenes
y eran redes colgando los crepúsculos;
allí, en las madréporas, bienvenidas islas de entrada
por donde los esquifes aguardan al pescador sediento.
Tenían estas tardes ese color violáceo
de vientre de pez;
la turgencia de un cielo
color vientre de pez;
y la plomada, el lazo de captura
que el pescador dejaba resbalar en las aguas,
tenía en su color de final de partida,
el pálido reflejo de vientre de pez.

Cuando estamos haciendo resumen
del tránsito que media
del abismo hacia el aire,
apresada la vida por un oculto anzuelo en la garganta,
traen nuestros difuntos al rincón del recuerdo
ese mismo color de turquesa tronchada.
Y en este pleamar que nos sube hasta el pecho
o desciende y nos muestra un reino de arenas o de algas,
decimos, hasta cuándo las vidas que así yacen,
redimirán su mudo soñar bajo la tierra
o fueron solamente impenetrables fósiles.

Cerca del mar que nos separa
está el pueblo que vive su diario sacerdocio,
la ofrenda cotidiana de vivirse entre rostros,
desconocidos ojos que ya pasan y jamás miraremos.
Aquí podan sus árboles
y apresan con las redes
y siembran y se inventan
y tañen su alegría o cantan su desgarro.

Éstos que aquí vivimos,
forzadamente ebrios,
con un gesto uniforme
y un color que nos une:
el violáceo atuendo, rostros vientres de pez.

76   31

Hunde el albatros su potente vuelo
batiendo alas que a la caza anega;
ave un instante submarina y fría,
ya remontada.
                  Flotan desechos, carne de otras vidas,
navegantes de pánicos osarios.
Acercando al coral su confianza,
allí la araña enmascarada apresa
el incauto vagar del que a ciegas camina.

Esta consumición de un cuerpo ágil,
que solo reposaba sobre el lecho del fango
a la hora nutricia de sus vísceras tiernas
para dejar sus débiles huevos interminables,
engendra, alumbra, muere,
bajo el fugaz eclipse de las embarcaciones.

Cuánta ajena memoria a nuestro paso
alza y derriba la angustiada hora
de vivirse en defensa, de inmolar sus osarios.
Sigues el vuelo del albatros; nunca
una meditación cruza las nubes
perlando su ascensión.
Bello es el aire de hontanar volado
que el mar conforma; quietas van las linfas
galopando entre nácares.

su manta de renuncias y allí viven y odian
y allí mueren y cantan.

Cuando signas tu frente,
es a mi corazón al que ponen un agua.
Te recorro en los años, tiro leves guijarros
al mar de la costumbre,
pero de fuera llaman y retorno a mi nombre:
Quién como Dios me llamo.
Quién como el hombre busco.

34

79   LA SEQUÍA

No brotará saliva de tu lengua, Yahveh,
ni el cárabo que vuela su yerma silueta,
para encontrar la rama del olivo
que lleve a la esperanza.
Alza el pueblo sus ojos a las nubes,
esa estola que dejas cuando tu luz desciende,
y lágrimas se guardan para el terrón propicio
que pueda germinar regado por el llanto.
Mondan cáscaras ávidas
de aquellos otros frutos que diste cuando el sol
y la lluvia surgían para todos los cuerpos.
Ponen su vara de fresno en la siniestra
y a la diestra la azada se muda de cansancios
de no alfombrar la tierra en los huertos nativos.
Y el agua de otros días recorriendo el alero
con su verdor de húmeda floración diminuta,
es igual que el recuerdo de la boda, o del hijo,
o la feria en septiembre,
donde la primer yunta y los enseres
fueron mercados
por aquellas monedas guardadas en el arca.

Las lindes, candeales fronteras de los panes,
sembradas de sarmientos trocaron sus pavesas,
en el áspero tacto del barro sin vientre para el parto.
Tuyo es el quebranto,
el pozo alucinado que aguarda los torrentes,

pero   ya es la planicie donde el águila impone
su   estad de sed,
o   vuelo aterido,
      aquel resplandor que calcina los trigos.

      stá el pueblo entre alambres,
     co para que abreve la sed su silueta
    e un cuerpo entre sortijas de retamas ardientes.
Y he vuelto hacia los años,
aquellos que llovías tu mansedumbre trémula,
en un agua surgida
del alto ventisquero de mi fe,
necesitada orilla diaria para el fin del viaje
que impusiste un buen día sobre las criaturas.

      Esto es la sequía,
aparejar la mies y no verla en los ojos,
y vaciar los graneros de su rubio alimento
mientras incendia el dardo de la luz tu aguacero.
Tienen que ver los hombres su quehacer en los dedos,
oír tienen que ríen sus hijos maniatados,
pero cómo esperar que la lluvia futura
pueda cambiar su hambre presente en esperanza.

      Mira el pueblo su horizonte quebrado
y al porche salen las madres
con una mano anclada en la triste mejilla,
esperando las nubes.

      Yahveh piensa en sus hondas parcelas
y el corazón del hombre alza o mustia sus júbilos,
mientras el coro avanza
en la *Cantata para la Dominica de Adviento*
y se ofrendan los seres y los frutos
porque mayo aquí impone su reino de verdura.

80   y 35

      Memento de los vivos, piedad deshabitada.
      Bajo el cimborrio alto de los cielos perplejos,
      el ritual impone sus ofrendas.
                         Alivia
      un aire por las sienes el concierto de cálices.

Neófitas miradas van recorriendo el templo,
la gran plaza, la lonja, los mercados.
Fieles son los que cruzan su camino de nieve,
sus huellas en la oblea y saludan
al vecino deshielo de aquel que les contempla.

El anchuroso manto del sudario,
cubre el rostro del hombre; así su siesta
en la paz de los huertos, mientras zumban abejas
ajenas a la dulce orfebrería
que hilan del tumulto.
Incierta posesión de los sentidos,
cuando a la noche extienden sus letargos
y construyen la muda lámpara de sus ojos
al atónito alzarse de su estera en la tierra.
¿Quién dirá que la gracia incorpora sus ritos
a este devenir, a aquella huida,
al signarse los símbolos sobre la frente húmeda?

Estaban los amigos; los lutos plañideros;
estaban en la mesa las ciruelas dorando
sus ácidos sabores,
y como viejas sombras que surgieran
por nuestras galerías, estaban nuestros muertos.
Y entre sus oquedades trascendidas
y la vida de fuera, la eterna potestad remitió nuestra carne
al último rincón de la patria nevada.

Tú que feliz nos llegas de lejos paseando,
ajeno a esta mudanza que nos une,
te diré que empezó la ceremonia,
la santificación de nuestras culpas.
Que esa verde campana que tañe entre sus bronces
música de otros días,
es lo que cantarán los salmos de mañana,
vieja Jerusalén de muros lamentados.

Deja aquí tu equipaje,
no podemos llevar todo aquello que amamos.
Ven sólo con los dedos
colmados de piedad
y reparte esa dádiva
a los fieles difuntos que la fe nos inmola.

4

MONODIA
1974

«Si una misma melodía es entonada al
unísono por varias personas, tendremos la
forma coral más sencilla: la *monodia...*»

(RAMON BARCE, Introducción al disco
«Música medieval española».)

A mi mujer.

I

1

VIGILIA DE LA NOCHE

Entre el verdor que empuja en tierra virgen
hasta el aire flotado y sin aroma,
la noche extiende pánicos;
sonidos que el silencio ennegrece.
En el centro,
el terror afilaba lentos pasos.
Una sirena última donde el mar era roca,
un vacío en la casa que lluvia cubría,
bostezo de otras ánimas.
El vidrio en la consola que tañe su agua helada;
voces perdidas, llanto, cálida arena muerta.
Soledad.

Alzado allí, qué páramo le cubre
si no es caja de plumas,
un manojo de flores donde está la ceniza.
Cuelga la mano
que el mastín de la infancia lame;
olvida ya su gozo
entre hoces dispuestas
donde el collar el canto embellecía.
Cíngulo fue y todo se detuvo
entre el aire sin vuelo
y la tierra anegada.

2

82   EPITAFIO

Cómo hablaré de ti, si muda yaces
bajo el ejido que sin dueño cerca
tan sólo el sol, o el bronco viento umbrío.
Si acuchillas la presa y la desplomas
sin meditar si es huérfana la herida
que dejas gotear ya para siempre.

Pasó el lebrero olfateando el aire
por hurgar su reliquia, y nada encuentra.
Por ti será el bermejal estéril
y no podré vivirte en la agonía.

Te siento, roedora de mis noches,
acariciar mi nuca, brincar en las pupilas;
araña del rincón que tejes lenta
ese fatal sudario de haber sido.
Nunca hablaré de ti, sino mintiendo,
porque la voz se mudará en la oblada
que he de morder, la rosca de los muertos,
redonda como el pozo donde esperas.

Cómo serás, mi muerte disfrazada:
una cegada orgía de desgarros
o un cornijal que enjugue tanta lágrima;
igual que el rayo por los olivares,
o una música tenue que desciende.

No te elijo el instante, pero aguarda;
quisiera así moverme a la otra nada,
no bronca, no apacible, mas sintiendo
que di calor a manos extranjeras
y que he vivido al menos por bastarme
dando vida por todos los que esperan
ser prójimos cercanos a la lumbre.

3

HIJO DEL PUEBLO

83

Más que yo tienes el silbido hueco
y las uñas con fango. Más que yo.
Quisiera así cambiarme en la envoltura
que te cubre la espalda: un arañazo
del espino no visto, costra de sangre,
y la mirada larga para el mapa
que ya abajo se extiende y que voleas
de una pedrada.
Más que yo
vivo estás, y no sabes que del cenobio suben
voces en alto, como elevados humos
que te ignoran. ¿Oyes el llanto
cantado así, del hombre del capuz,
del mendicante solitario en rezo
que llega hasta tu alcor como un gemido?

Hijo del pueblo, pacedor de bestias
cercándote en miradas que vienen del instinto.
Troceas la torta; migas son consuelo
de hormigas o de pájaros. Bien basta
desmenuzar un trigo, un zurrón entreabierto
para que alguien viva de aquello que abandonas.

Más que yo en la lobera vives. Más que yo
sueñas tus amarillos abandonos.
Ignorancia juntamos. ¿Y quién vence?
Cuando al abra retornas y te sigue
el vasto cautiverio de los seres,
más que yo abarcas mundos,
dios de alforja y fracaso.
Cuelgas tu cuerpo y te vistes limpio,
ungido por el aire que acuchilla las cumbres.

4

AMIGO UN DÍA

84

Si amigo un día, funesto ya traicionas
el nacimiento.
Nadie que fuera olor de orza con laurel,
ni peceño paladar,
olvida a quien recuerda.
Cortas hojas y al fin queda la duda
del sí para negarte en la certeza.

Plaza cercada, niñez de la liturgia,
agrura tan silvestre
de andar descalzos nidos de verdor.
La hilanza del sudario,
se tejía en la estancia.
Sé que ocultas oídos cuando de ello te hablo,
amigo entre arrecifes,
camisa destrozada,
perdigones al borde del corazón.
Y sólo por beberse el rocío de la parra,
masticar asperezas del membrillo
y orinar el rosal por ver si germinaban
rosas con alma.

Anduvo el cazador y la jauría
disparando su odio.
                    Mejor era
morir, porque la pena de trizar el campo
te lloraba en los ojos
más que de hurtar la fruta
y asediar·al lechón, carne tan sólo y hambre,
luego fiesta en la casa
y una cansada pena de alegrar con viandas
tanta pascua en tinieblas.

Puede el olvido destrozar la historia;
generación hundida,
la mentira portando sus máscaras,
flautas de caña verde, algarabía,
nunca sonora estrofa.
Igual aquella vida, tomillo que se pisa,
mas extiende su aroma con la muerte en la tierra.

5

NUNCA POR HOMBRE

85

   Nunca por hombre, más que maniatado,
de mudez anda cauto y algar parece
su voz, jamás sonada en prójimos,
sino dentro de sí,
rumiada tempestad.
Oh el callado de ofensas;
aprieta su discurso y deseara
clamar en grito, hablarle
al que parvas aventa y esparcirse
como polen que vuela.

   Infiel le pareciera a la verdad;
sólo por ello
evade el canto, porta sus dádivas secretas.
En sí lo extraño exalta,
es la cercana vecindad del otro,
poseso humano traficado en vida
mas nunca conocido;
como alfaguara oculta
donde raíces beben
para que nunca el fruto sepa su oculto origen.

6

TABERNA

A José Miguel García González.

   Como si a la mina entraras,
pero a la mina del vino,
la estancia está vacía.
Sólo ruedan
toneles entre arañas:
el tonel de caoba
que guarda un mosto en dulce terciopelo;
el castaño, por donde navega el de los puertos;

barril de la solera, con madre avejentada
dormida por el vientre de la brea
sólo emanando olor, sabor por vieja.
Recibe el caldo hijo que le nutre
hasta cegarlo por la celda oscura
que fue madera de navío un día
y ahora otro mar, pero del vino, bruñe
el romo acantilado de la cuba.

   A tan cercano alcance de locura,
el alto vaso con tu nombre ahogado,
mata la realidad.
Echa las cartas.
          No hay triunfos en el lance
ni derrotas siquiera.
Sólo transfigurar lo que se vive
y no pensar en el cadalso presto,
en los silos colmados de abejorros,
en que ha llovido azogue en los graneros
y piden pan para pisar la tierra
los niños ciegos que el amor engendra.

   Entra al templo de oficio tabernario.
El pueblo está sentado con su mosto
bautizando la pena con blasfemias.
Yo maldigo contigo, yo me canto
la petenera con sus tres cascadas
y aguardo, y veo pasar lo que no pasa:
el mordido alimento, la saliva,
y sobre todo el hombre ardiendo siempre,
una hoguera de pie que comunica.
Así se quedan, o ligeros mueren
tales sueños cercados por chacales dementes.
La taberna es la casa; buen sueño, hervor solemne
que les nubla los ojos,
hasta que ellos se llamen a sí mismo felices.
Cierran puertas, se abren nuevos soles,
la vida es ebria.
         Igual que si a una mina
entraras,
esta es la plaza del perdón.
          Que nunca
me perdone mi vaso su vino derramado.

7

SALA CON RETRATOS

A Jacinto López Gorgé.

Entró en la sala y guardó el aroma
para sí.
Humos flotaban
de servidumbre humana,
como calor de cuerpos en la fronda
que enceniza el gredal.
Paró su cuerpo para adivinarle
que otra carne no vista dejó su olor antiguo
volando en la penumbra.

Allí el asiento, la cercana mesa de boj;
el búcaro de alguna dinastía
que él no atreve a acertar,
mas la inventa, y se afirma
que alguna vez anduvo tan cercano al perfume
que hiere la memoria.
                              Y sobre el insondable
nácar de la consola, la sien apoya.

Los retratos espían tras la cera del óleo.
Estando en soledad, ¿quién se enfrenta a los rostros?
No pensará, no pensará. Hay ojos negros
que llueven en su espalda.
Nos ven los muertos;
la vida así se enmienda
y él espera sentado en la penumbra
donde pueda fingir que aguarda que alguien llegue.
Y abre un libro, pero se ha olvidado
de todo lo que tuvo que decir.

Hay un cuenco en azul de Talavera
que alza en las manos. Hay un candil.
La trébede de barro y un aroma a su cuerpo.
¿Te basta sólo acariciar objetos,
remover el tamiz de aquellos sueños, quebrar
nubes pasadas, pañuelos por la frente?

Damas de noche se elevan por nosotros,
ya que es la muerte lo que va pasando
cuando en la soledad de tu recinto,
buscas aromas por fingir que tiemblas
de verte solo en soledad soñando.

8

88

EL EXTRAÑO

Vuelve al lugar quien mientes puso al tiempo
y la voz apresura en saludar.
Gente alza los ojos
y humo extraño es.
Moja la piedra, por si aquel sabor
existe: ya pavesa.

Herido va el tropel,
porta mejillas húmedas,
un ciervo maniatado pace romeros.

Patria distinta que me das,
no surco del principio.
Otra en las tejas.

Gente levanta la memoria,
¿quién camina esta calle?
Palpa rostros, abraza,
grita nombres y corre las puertas golpeando.

Has llegado a este viejo regazo de uvas goteantes.
Gente se mira,
ceniza pone en boca,
nadie en tal ofertorio pregona sus hazañas
sino que mustio el pueblo,
contempla lo que pasa,
muerde la menta
y regresa sus cuerpos
a la alcoba en tinieblas que ha sido su cobijo.

9

IGNOTO CABALLERO

89

Lo que debiera ser estancia,
piedra de yerta fábrica
mas orgullosa en su firmeza
por su pasado heroico; acunando
presencias de familia, la faena
del respirar caliente, para ensilar
semillas, odres que olor transforma
en aire de vejez.
Muebles con iniciales,
un surco de navaja de tal recordatorio
que ahora pende un retrato de moho.
Ignoto caballero, pero que ellos recuerdan
sus señales, el timbre de la voz,
el paso lento en el zaguán,
su vida que aún perdura por mas que muerto aguarde.

Ah las presencias,
a veces saltan peces del rincón,
la topera escondida,
el testamento de quien dispuso
sin justicia,
fueros para espinar congojas tan ocultas,
que así transido vaga el penitente
en su postrada hacienda, un día en majestad,
luego en ruina,
y hoy ya bastión del áspid y el lagarto;
piedra purificada por tanto sol que pasa.

10

AMANECER EN LA CATEDRAL

90

Pues en tinieblas, no me roces,
que extraño será el gesto.
Hallé una huella de sudario ajena
de quien ya no sabré.
Tierna memoria queda
del que velado estuvo y aún yace en los altares.

Entre borlas perdido, un traje yerto.

Por qué, si vida tienes,
contemplas lo que muere.
Han pasado dóciles carnes
con atuendos desnudos;
como el perdón,
se cubre de inclemencia,
llena el ojo de un agua
que nadie llora.
De holgura viste moza
la tristeza
de quien velara catafalcos de luto,
esplendores de un día.

Miro la gárgola donde anida el pájaro,
que trizando el vitral,
voló aturdido.
Así es el reino donde fulgen glorias.
El muerto sueña resplandor,
y vence
quien loco así sostuvo su diadema,
pues en tinieblas roza mano extraña
y es ésta
que puertas abre,
y rostro nuevo
el que baña una luz de sacrilegio.

11

91   HIMENEO DE LA MUERTE

El *Himeneo Himen* de Catulo,
la prisa por devorar las gaviotas vencidas,
el sordo que más música oye con solo adivinarla,
aquel que se arrebuja de frío en la estación del verano...
Oh disconforme ser, muerte perpleja,
fraticida en el pan,
hogaza que se dora.

Era de ellos,
paseante de una calle de eucaliptos;
sordo niño que arrastra su aro a la intemperie,

interrogación en la alcoba:
zaguán del inventario.
De estos era,
con manos mendicantes,
velando ese cadáver que está vivo en los ojos
y se exalta y revive,
hasta mortificarse en el entierro
inútil de quien yace
todavía latiendo,
como espejo de agua trizado por relámpagos.

   A la puerta sin luz de la inclemencia,
un brebaje de hojas germinadas
se bebe lentamente.
Allí queda postrado, cuerpo inútil,
mutilada conciencia;
más tarde, algo que vuela
tú mismo lo destrozas,
hasta nunca saber si es sueño lo que vives
o viviendo te sueñas.
Arcángel desplomado, isla para el asedio,
espera;
nunca sabrás qué vida te retuvo
y qué muerte viviste cerrando así los ojos.

II

A Francisco Rincón Ríos.

12

92   DÍ

«Lo que no dice
lo que se dice: ¿Cómo se dice
lo que no dice?
            Dí...»

OCTAVIO PAZ.

Dí que era negro lo que tú pensabas,
dí que era noche cuando el sol nacía,
dime que matas cuando en pana sudas,
dime que es bello el horno crepitando.

Dí que el ombligo ampara tu conciencia,
dí que la ciencia con tu ombligo avanza,
dime que nunca pensarás en nada
sino es para pensar que somos justos.

Dí que era negro el dios que no sujeta,
dí que si fuera blanco te ataría,
dime que restituyes mi futuro
por un trozo de torta de algarrobo.

Dí.

13

93 ## TIFFANYS

Eres tea de luz que ha olvidado su centro;
Tiffanys del recuerdo, quién cantara en tu agua.
El sombrero de sombra era mi túnel lúcido,
y dormía el estrépito su invasión volteando.

Lentos alcoholes bañan la pasión del relámpago
y esta muchacha danza con su vientre en la tierra.
Luego renace y besa rojos crepusculiarios
y allí queda transida para el hombre y su muerte.

Hay cirios donde escribo la pasión de ese instante,
hormiguero de bocas devorantes y tristes.
Es sino la tristeza de quien nunca se quema
del ajeno extertor.
                    Oh música en suicidio.

14

94 ## EL FURTIVO

Las fronteras cerraron sus ventanas de alambre.
Sólo puede llegarse volando, si es que puede,
pero con alas nacidas de los huesos;
alas de arcángel, hombre alado.
Ya pájaro.

Hay riesgo de cazador furtivo.
Pero nadie dispara
sobre un hombre que vuela,
a no ser que desplome sobre la agricultura,
un trozo de metralla
o un corazón partido.

Es la misma explosión:
el corazón se parte cuando hay una congoja
y la metralla existe porque hay alguien que llora.

15

95 ROSA-ROSAE

«Appelez les serpents.»
BAILIK.

Declinad la serpiente
que va del rosa al rosae.
En medio del jardín,
limoneros gotean su ponzoña.
La nurse lee a Byron
sensiblemente coja
y olvida en su arrebol la custodia de arcángeles rosados.
¿Quién llama a la serpiente?

Por el rosa rosarum,
su traición amenaza.
Hay una paz dormida
en el jardín.
Cruzan tórtolas lentas;
sabor a ajonjolí y quebrados hojaldres
y un orín que no cesa del cupido de mármol,
genital, genitivo.

Rosae de la serpiente;
no ve la transparencia del jilguero dormido;
el miedo nunca vuela,
tiene el color del sueño
y pasa y no le ataca.
Silba su tempestad,
rosa-rosae, la tarde
y llega hasta el flagelo de la traición.

El niño cae,
tiene un lívido muslo que se agrieta:
veneno para el mártir.
Era rosa el color,
algo agoniza siempre en el tumulto.

Quién dijera que aquí, sobre la siesta
de este jardín en éxtasis,
la serpiente se llama
rosa-rosae,
para engañarnos.

16

96   REDIL

A Ramón de Garciasol.

Quien a redil somete, a hierro espere.
(Tortolicas las mías desaladas.)
¿Dónde desala el mar su maremágnun?
En el redil, pezuñas clavan tierra
en la alcoba nupcial del hormiguero.
Este derrumbe sucedió al legado
de quien a hierro espere,
herrumbre sueña.

Llegó un alado porvenir.
                              Entonces,
pensó que sólo muerte disemina
quien túmulos hereda.

Y tejió reposteros funerarios
con los hilos de olor de la albahaca.

17

97   LA CAZA

Un ojo torpe pasa y se detiene,
observa el cimarrón, gírale en torno;
le tapa el sol, le tapia el aire puro,
le inmola en el tapiz de su aposento
y le lapida luego en piedra inerte.

Muestra el fósil más tarde.
La secta se entusiasma ante el batracio
descomunal del hombre.
Qué hermosa cetrería
la calle extinta ofrece.
Aquí levanta
las pérgolas ornadas con cabellos;
corta muñones, y con ellos forma
emblemas.

Un monóculo esconde el ojo torpe,
el azogue del vino inmola la mirada,
se abrevan en manteles.
Sudarios son, que al cuerpo apiadan luego
de que los tiros vengan destrozando los pechos.

18

98   INCESTO EN YASINEN

Tú, boca enjuta, crisálida del gozo,
luna pequeña en medio de un fragor,
pierna dócil.
Vellón entre las sedas, ópalo que se incendia
más cerca del sollozo; éxtasis,
claridad derramada;
dientes que roen el hombro; alarido del puma.
Selva en Yasinen.

Un caracol subía por la espalda desnuda,
fuera su baba ungüento y la araña una débil
mazorca germinando.
Tu sangre paralela, qué amargor.

Deshago el corazón, turbio ovillo, pradera
del deseo
y más tarde, las horcas en el campo.
Descalza, talas árboles,
descienden por barrancos los gemidos;
no hay fuentes ya,
ni la sábana verde, ni la cántara ocre.

Sólo tú y mi muerte,
turbias horcas frutales
por donde pende el cuerpo
y estos senos granados como pimientas rojas.

19

99   AMOR ENTRE CIEGOS

La ciega estaba en medio de la plaza
practicando el desnudo a la usanza cretense;
miraba el sol por dentro de sus cuévanos
y era yerta la luz.
La palpaban los ciegos
que besaban ciegamente la carne.
El foro fue cercado de invidentes deseos;
los brazos extendidos para alcanzar el gozo
cercaban la escultura,
confundiéndose entre ellos.
Rotas orejas cálidas,
atropelladas mientes.

Un palomar vecino alas daba al paisaje.
«No es el tumulto el cauce»,
gritan videntes.
Ella extiende su túnica como un tálamo blando
y allí procrea y exalta
y gimen las palomas;
hunde muslos de mármol sobre la carne extinta
hasta que pasa un viento con halcones dormidos
y la gran carcajada satisfecha ensordece
tanto placer sediento.

En los parterres de Yasinen,
ha ocurrido este hecho.
Se ayudó al desvalído
que en el miedo engendraba,
a incorporarse de los gladiolos destrozados.
Asistida delicadeza
para no herir los ojos de infortunio.
Las conclusiones han sido varias
dentro de tanta oscuridad:
¿Cómo gozar a ciegas?
¿Cómo amar si no vemos?
¿Cómo el pudor o el odio al no vernos desnudos?

20

100   ACTEÓN

Funesto fue el lebrel que me cuidara
la caza un día.
Más allá de los plintos, corzas tuve
y solozarme en huertos, donde fresca
la fuente cuida
el desnudo de Diana.

Égola de Acteón, metamorfosis;
la moral era otra y ver un pubis
entre juncales, puede que victorianamente
aquella diosa
celara en fauno.

Y adúltera tan sólo por ser vista,
linfas trizó la carne poderosa.
Alzó la diestra,
paró el torcal su vuelo
y el visionario,
ciervo ya de los pastos convertido,
quebró tomillos en su ley de fuga.

Pero fue devorado por sus perros
por contemplar tan sólo la belleza.

21

101   ODA AL MINOTAURO

Estuve por hacer una oda al minotauro.
Pero, ¿quién tejerá el ovillo de Ariadna?

Si logramos huir de estos breñales
que impone el laberinto,
sus caminos de cabras,
las tupidas paredes de serpientes
sin que el hilo o la vida se nos pierda,

puede que al fin toquemos ese sol de la entrada
que allí espera encendido
sin que hayamos tenido que vender la canción.

Cuando el dios pacta en toro su bravío
poder,
y en desamparo a su condena acecha
herir el vuelo que la capa engaña,
un cuerpo baila en gozo con la muerte
y se quiebra o se tumba, o invicto besa
la flor caída.
Pero si al que madruga el alba muda
y en sola compañía le sorprende
el minotauro que asolando vaga
la historia de sus días,
¿quién tejerá el ovillo de Ariadna?

Estuve por hablar del minotauro,
pero ¿cómo lo haría de aquel que se alimenta
sólo de carne humana?

22

102   CIRCUNSTANCIA DE LOS ROEDORES

Sé que los roedores están en el acecho
esperando que erguido en mi sitial,
me venza el sueño.
Apago el cortinaje; fuentes manan
sólo para el arrullo.

En aquella mi extraña temporada de dios,
fuera el ultraje lícito;
la violada doncella encontraba su gozo en la clausura
del bosque de los bárbaros
que allí la festejaban, la bebían,
y luego el Epicúreo me relataba el hecho entre sonrisas
y Brueghel halló el justo punto del equinoccio
para pintar «El gusto»
de alicaídos faisanes de seda.

No era cuestión de sazonar manjares
al aire victorioso de aquella majestad;
dormir puse a mi feudo,
cerramos engañando los párpados del día,
y ocultos roedores en vigilia
violaron nuevamente
los últimos manteles del festín.

23

103   SOBRE COSTUMBRES DE LOS BRAHMANES

El brahmán alisó la cabellera
que era tapiz y lecho de su cuerpo;
sostuvo la bandeja donde yace
palpitando en insectos,
la cabeza enlunada del bautista.
La concurrencia tañe un *rock* de fuego
en torno a él,
la sérica le cubre carnes flácidas,
hambre y pajarería, soñados bosques.

Mas desconoce qué exorcismos
cambió su cuerpo de lugar;
desde el Fisón donde su mano hundía
para alcanzar un pez,
a este recinto de Pigalle
en donde ofrece su bandeja
por un cuenco de arroz
a aquellos que salmodian himnos,
se arañan con espejos las pupilas,
le han besado su túnica y coronan.

Así extasiado queda:
coronación del justo. Es el tumulto,
llega la luz de un óleo por sus ojos.

Él porta su cabeza cercenada
sin saber cómo fue decapitado.

24

104   MODULEMA

La tarjeta, en el tajo del tajamar.
Abismo, abisal de vorágine y embudo;
se mueve el aire
aireado de peces voladores.
Pasa un cuervo y la toma con el pico:
ya es cuervo con tarjeta de visita.

En el reino animal se impone el protocolo,
locos van ateridos animales domésticos.
Colocan animados sus colas de colores
y una coloración de colibríes
viste al cuervo de luces.

El papagayo, que mantuvo virgen
su diadema de ópalo, contempla
y sobre el tajo abisal de los embudos,
desploma su emplumado vuelo yerto
suicidándose al fin.
Ya no hay colores.

25

105   MODULEMA Y CULMINACIÓN
                    EN NAUFRAGIO

Del coro al cuño en el sentir.
Se inflama,
la acuñada maleza de melaza;
el papiro insondable y la momia entre arañas.
La Orestiada.

Fue dulce aquel supremo vencimiento
que llamaron acorde:
monodia del canto.
Igual recitativo para todos entonaron mis gentes,
cuando embarcamos sin remedio en galeras que nadie gobernaba.
Todo transcurrió entre un San Silvestre y otra Epifanía.

Luego supimos que nunca fue así.
Tal vez el gimnasta, por menos reflexivo,
mientras forzaba el cabestrante pudo ver nuevas tierras,
playas de oro o albatros en suicidio.
Los demás, nada vimos.

   A esto, mis gentes lo han llamado el engaño.

   Cuando ocurrió el naufragio,
aquel que pudo anclarse en los corales construyó hermosos
        sueños.
A los que tatuaron su cintura con algas,
les quedó para siempre una viscosa sensación de inseguridad
y a los que el pez espada atravesó el corazón con una falta de
        elegancia,
dejaron de practicar la esgrima.

   Nosotros anduvimos
entre los ahogados por el yodo marino
y los sedientos de agua limpia.
Es decir,
los que han vuelto a nacer sin la placenta,
ajenos a una constancia, en un orden creciente.
Ahora somos estos que silban de admiración
cuando se elevan los ojos lentamente contemplando el gran
        gótico,
la fábrica del pasado,
la vida de las termites,
la proeza del gimnasta.
La Orestiada.

                              26

106   ÚLTIMAS VOLUNTADES

        Fino aguijón, esquirla,
     ponzoña; se habla en odio
     y odiando me saluda aquel que desconozco.
     Nada sé, hay un torpe ademán.
     Escúchame. ¿Qué pasa?
     En torno, siluetas que ahuyentan compromisos
     para el auxilio.

El viejo yace sobre el campo,
mirar yerto le asiste, ojos se ocultan.
Auxilio.
        Pasa el torrente. Observa
el río de hombres al caído,
pasa y contempla al sesgo
mas luego se detiene ante el arco de triunfo.

Tuvo un gesto irrisorio, sólo de pena enjuta,
como frío que asolara;
tal vez un estertor de fugaz vida,
pánico de la última voluntad,
si es que se tiene.

Pregonan vendedores ambulantes
entre salmodia y grito;
levantan vientos tenues secretos entre encajes
mientras ríe el impudor.
Sueltan globos
se incendia entre pisadas
tanto vaho de alimentos.

Observan los presuntos roedores
la carne inerte.
Si hay vida andante que se acerque al cuerpo,
es la rata furtiva que la roe
aquel ojo que viera,
aquella mano cálida.

III

27

HONOR QUE TRAE LISONJA

Honor que trae lisonja, no redime
del oprobio, pues ¿quién así marchita la verdad?
Fuese mudo y dejara huellas nobles,
aliento de aquel cuerpo blasonado de exvotos,
mano caliente alzada
y unos ojos que queman los naufragios,
la galerna interior.

El disfraz de la pez que apenas luce en pánico,
no basta, ni el pecho en su retablo
da bronce a las campanas.
Silbidos huecos que músicas remedan
fuera el diálogo,
y el cantar se impusiera
al hombre que velando las armas de blasón,
su estirpe aniquilara
en esa pobre usanza del verbo que fue signo
de una hombría de bien.

28

108   DONDE EL AVE AGONIZA

   Duda que no es necesaria
porque es falsa la certeza.
Desnudez bajo la sombra
del cielo que envuelve.
Yace.
meditando el dormido mientras le invade el mar.

   Absorto por la muerte,
el ahogado persiste;
va con premura su enjoyado pecho,
las algas le coronan bajo el agua.

   No ha menester el fósil seguir atestiguando
que fue araña o helecho,
sino vida que punza o extiende su verdura
aquí en nosotros, tribu
deshabitada en ciernes
que aún viaja entre imperios
de crueldad.
Cazando tapian ojos y la dulce mirada
que un día vio llover los pájaros libertos,
se vuelve a la caverna y al mastín que le aguarda.
Sólo ordena su vida cuando el viento le trae
cálido olor humano,
entre cañaverales donde el ave agoniza
y sumiso la entrega a quien dispara oculto.

29

109   SOMBRA DEL CANDIL

   Esta lucerna, donde aceite ardía
alumbrando oquedad, vida a los ojos,
barro de alfar cuajado por quien le sabe hurgar
veneros,
esparce su diadema.

Hay alguien que la acoge como un sol repartido
y a su luz meditada,
se canta en soledad.
Hervor diría, si a su canto escrito,
no llegara el vecino temblor
que ajeno espera
saber qué rayo incendia
la duda, qué torzal unifica
el asombro de verse en las tinieblas
colgando como lámparas;
palomas ateridas que coronan el vuelo
sobre la mente fría y el corazón sereno.
Busca la luz un cauce
y es un hombre que asedia
la ceguera; muerte y vida,
la carne entre naranjas
que estallan de dulzor cuando el candil se inflama.

30

110   UN AROMA TAN SÓLO QUEDÓ ENTONCES

Algo quedó perdido en el escándalo.
Caliente arena para hurgar tesoros,
propicia no surgía;
más bien un roquedal.
Y la joya no estaba.

Se palpaba aridez, saliva seca;
la tierra encinta, mas no abierta,
y algo se nos perdía como un recuerdo ído,
carne volada en céfiros, pezuñas
para minar secretos.
¿Dónde lo que se pierde muere en su perdición?
Nunca si es vida.

Si la empresa pudiera
hallar la antigua luz, su antorcha crepitando,
la ceniza que deja en pos,
surco de pie parado, otro cansancio
que avivar, candela sola,

hubieran comprendido mis gentes
que nunca perdimos ese amor,
burla triste, piedad del peregrino
sino que éramos ciegos y no vimos qué rosa
el afluente llevaba hacia una mar
y su aroma tan sólo quedó entonces.

31

TEMA SOBRE EL SILENCIO

111

A quien la voz refrena y no le asiste
más grito que el silencio
interior,
y así postrado
la edad de su denuncia ve pasar,
lengua de herrumbre, abejorro que punza,
verbo roto,
porta su engaño y queda en testimonio
y ya él mismo lo cree
y le conforta vivir en paz fingida,
no en palabra caliente
del que exaltando clama aunque le ciegue
ballesta y fiera púa,
herido para siempre el canto en su garganta.

Dime, joven mudez, desenterrado y cálido
conocimiento,
qué lenguaje se aprende
tan sólo con mirar
mordiendo las palabras.

32

ROSARIOS DE VIDRIO

112

Nada repite lo que es,
sino que vuelve a descubrirse
luego, distinto viajero de plumaje
dormido en un brezal.
Y allí soñando, atesora vivencias,

el cadáver que fue cuando al Averno vino
fingiendo profecías.
Busca su vino ácido
que tanta carne alienta.
Y se arrulla, y es otro tributario
de monedas de yerba,
cabezal para el sueño,
torpe arlequín de trapo desasistido en vida.

Hay una raza que espera y que fenece
en olor animal.
Vende rosarios
de vidrios tan funestos que al roce araña en sangre
la piel de sal;
luego sienta su trono en el estero,
esculpe menhires fálicos
y canta en queja.
Por la tierra circula y es un hacha que asola
con su aliento;
coge peces del mar, los come sobre tejas
y devuelve a la orilla tanta espina erizada,
que el litoral semeja un osario de hambre.

Se fueron profanando la miseria;
un deseo corona las cabezas,
aleja histriones,
pasa sobre la vida como un halo
de ceguera
y allí ve, campo liso,
panorama,
tierra por donde ofician menesteres de obsequios,
labradores de espinas.

33

113   EN PROPIA TIERRA

A Antonio González Méndez.

Pequeño será siempre aquel que yace
en vida aquí. Pues si valiera corazón,
arrogancia sería su desplante,
ajuar quemado y grito en el cantil,

que si maltrecho hastío y luto eterno,
nunca su cautiverio tuvo alcance
mejor.
          Inunda yodo aquella piel que niña
le vio en sus parques. Huye y se humilla
entre sus piedras, más cerco que isla sola
mira el mar y lo inventa.
                          Retorna luego
un paladar de especias, de huevos amarillos
sobre mantel de espigas; cielo ácimo y duro
de su sabor.

   En Melil rostros juntos se contemplan
la misma soledad, pero nunca hubo yerba
donde el cuerpo gozara.
Su gente aguarda en éxtasis, baila al cortejo
y le nace un clamor. Tan avaro quedarse
ante su litoral, que arena invade pechos
y así los sacrifica; ojo enterrado
y cuerpos que ya nunca
por rotos anduvieron.

   Sólo la espera en el breñal,
de que un naufragio pueda rescatar al suicida.

y 34

14

TABLA ESMERALDA

   Tentación, no me dejes;
ofensa cruel.
No olvides que si palpo esta piedra
que del arroyo guardo y acaricio
y su pulpa la quiebro por mi piel,
espero que así sienta un calor indefenso,
pero mío.

   No me dejes, tentación;
alguien la ha visto
perdida entre cerezas,
mas no alzó su custodia de yedra que la inmola.

Yo conozco su óxido,
lo disemino en mi palma.
Y la abro.

El talismán se ofrece a tanta espera;
como hueso de níspero,
como azufre o gota de mercurio,
algo aguarda en su centro,
piedra urdida en el lodo.

Tabla Esmeralda,
anuncias la promesa.

De cielo a suelo, ¿qué desciende?
De suelo a cielo, la conciencia.
Te impongo sobre el pecho
y así sabré qué oro llovido,
tierra amarilla de tus oquedades,
nos darás; no buscada,
sí como corazón de rosa calcárea.

Tabla Esmeralda,
de cielo a tierra, ¿qué falta?

Como un pequeño astro que se eleva,
alguien sopla en el mundo rubia fertilidad
y quedará más pétrea que la ofensa,
campo de piedra trasmutado en pánico
para investir de oro la patria del mendigo.
Qué falta a tu secreto que desciende;
al alacrán que busca cobijo en tu caverna,
las pisadas que hundieron al ofidio en acecho,
el talismán.

Desde el campo que habitas,
el fuego esparce púrpuras.
Danae abre sus muslos para el alumbramiento,
avispas de ceniza fecundan sus cristales
y el alquimista espera saber lo que desciende.

5

ATENTADO CELESTE

(1975)

I

PAISAJE PRÓXIMO A SIDEL

A José Lupiáñez.

1

CONSECUENCIAS DEL EMBRUJO

Por calendas que son tiempo de engaño,
peregrina quien huye de un falso suelo amado.
Si amor el que camina medita,
no vive ya, que ahoga con su fuga
querencias de aquel atrio, el jirón entrañable
que dejara por siempre como recuerdo suyo.

Aparta con su báculo guijarros de la playa,
se le va la mirada por donde nimbos vagan
y que él adivina ser los que así coronan
torres de apostasía en su cruel territorio.
Ha bebido otra agua que un frescor le asemeja
a la sed que allá tuvo, pero por sí dichosa.
Reconforta el descanso si es pedregal nativo
donde su cuerpo tumba yaciendo en las mesanas.
Apátrida por nunca poder gozar lo amado,
es muerte lo que en gozo posee por ausente;
costumbre fuera aquella de ofensa y vocerío:
persecución del justo, desarraigo por noble.
Mas hay un patrimonio que extranjero reclama:
el respiro de un aire, que por suyo, le embruja.

2

116   PRELUDIO A UNA SOLEDAD

Por trochas de Sidel, campero va.
Sube a las atalayas y contempla
la corola, custodia del rocío;
el autillo volando.
                    Sueña
ser nauta, anchura del viaje;
limosnero de otros países,
huidizo en el redil que sólo da breñales,
un patio donde el asno circunda aquel brocal;
desolación, costumbre del hastío.

No es desamor un cuerpo sin grandeza
sino que en otro cuerpo restañe tal deseo,
e igual que ya los cirros ocultan el paisaje,
nada ves si en pasión tu propia patria ausentas.

En holocausto quedas:
puede sólo el que olvida
y regresas de nuevo a la tribu, que ajena,
afana sus labranzas
e ignora que tú sólo sueñas tus soledades.

3

117   QUIEN OYE SUS VERDADES

Tarde queda sin luz vecino oyente
de quien hablando, vecindad remedia
y agrupa así en su torno manos juntas,
chispas de fuego, porque la palabra
no hiele su enunciado apenas vuele.

Quien oye ya no entiende,
pues nunca fue la entraña
de un mensaje que dicho, mensajero no es;
no resucita bienes y no porta milagros
y sólo pronunciada, ya es eco en los barrancos.

Hogar donde calcinan los cuerpos su embeleso,
mirando fijamente el fuego que les dora,
desgranan alimentos que el sabor enmudece
o tejen en sus sábanas inscripciones de luto.

Habla así quien ya narra los sucesos; mas todos
tienen ido el recuerdo en otras epopeyas.
Silencio del que escucha, pues medita otros páramos.
Ya quien habla, no ahuyenta sus verdades secretas.

4

118   EN TIEMPO DE SEQUÍA

Quedo con el sabor que algo se aparta
de nosotros.

Primero fue un desánimo, una promesa luego;
pero tú, realidad, ¿dónde vagaste?
Mis aposentos fueron calientes,
el retorno esperado, igual que la justicia;
tu pregonero andaba por plazas,
pero nunca
llegó al hogar en donde arracimados,
esperaban tus leyes
gentes de pro.

Oráculo que miente,
no es vida del que aguarda.

Así el martirio existe,
engaño fue y han vuelto al sacrificio
de comer sus mazorcas en tiempo de sequía.

5

119   LLUVIA SOBRE ALHOCEIMA

Llueve sobre el terreno de Alhoceima.
Por sus quebradas pasa quien de centauro viste
y es sólo rayo tronador.

El huésped queda incierto y aterido;
el cedro en el hogar inmola su resina,
hay viandas envueltas en paños de blancor.

Se contempla el suceso
como quien se despide de tal lugar por siempre,
mas luego en la memoria perpetúa el instante
cuando lejano habite ya otros cienos
y nunca volver pueda
a tanto tiempo mozo.

La verdad caudalosa
no está en el desarraigo,
sino en quien atesora lo que un día aprendiera
y a su silencio vuelve tal meditada ofrenda
como una lluvia lenta que grana los cultivos.

6

120 PERSECUCIÓN DEL JABALÍ

Envuelto por la fronda,
dispongo del breñal.
Mi mundo es un tomillo que venzo si altanero,
liba sus abluciones de panal y de río.
Paro mi ejecutoria
y contemplo en Sidel cómo artesas amasan
harinas candeales.

La trampa está en acecho:
brezos silvestres cuidan de cubrir tanta infamia
en el hoyo terrero que es la tumba
de quien liberto vaga
y alunado cual yo de vejez irredenta,
sólo dispone un ocio de huir entre las mieses.

Colmillada penetra sobre carne asesina.
Hay un grito que cruza mis pantanos de sed
y un destino inviolado de la sangre parada
de aquel que no aprendiera disparar sobre un cuerpo
y luego se derrumba en lóbrego alarido.

7

121 PANORAMA DE FIESTA

Caminante venía quien landó no precisa
y con vara golpea avellanos al paso.
Porta reliquias; bajo el cinto ciñe
rizos quebrados que el amor custodia.

Algarabía es lo que tanto alboroza;
tocan su rostro y besan el hábito que anduvo.
El odre de vejez por él vacía sus caldos,
se arrebuja en solaz quien al fin esperaba.

Tiende la manta y su cuerpo ordena,
parejo con la tierra en mudez mira en torno,
se le va la mirada por el pozo y el porche.
Llegó para morir junto al árbol patricio.

8

122 GALERNA SOBRE LOS RISCOS NATALES

Fue primero un presagio, ya quien así adivina,
no yerra, pues en guarda coloca su aparejo.

La agorera cubrió el suelo con su manto;
allí, cola de áspid y diadema ultrajada,
yerbas en el mortero, tatuajes funestos.
Por el cielo cabalgan ciegos caballos ebrios,
la gente en la colina avizora naufragios.
Se rompe la tal ciénaga e inmolados discurren
cuerpos y cofres, ajuares tan pacientes,
que el hilo quedó rubio labrado por el tiempo.

Era el joven en barcas quien así pastorea
peces veloces;
el arpón en la diestra fuera maltrecho golpe.
Partió como tal alba, cocinado el brebaje;
la caza, por paciente, fuera luego su tumba.

Una madera vuelve al litoral,
algas coronan quilla tan funesta.
El pueblo la contempla. Nadie supo cual era,
mas todos se la apropian por reliquia que aman.

9

123   MURGA DE SALDIGUERA

De sal de higuera, no, que abrevia el pueblo
la expresión: *Saldiguera.*

Tronaba
su música en la plaza.
Grueso va quien dirige la fanfarria;
eran tiempos de gozo y se hablaba
cantando.   Apostillados quedan
inmorales vecinos; letra rimada
siempre, romance de burdel,
llano el verso de ira,
pliegos de cordelada, recitativo
con trompetas marcando el asonante.

Gente aplaude por ser diatriba incisa;
desfilan entre sones monocordes,
chiquillería descalza le acompaña,
visten como de húsar desteñido;
baten palmas, soez, y es vilipendio
para quien malhechor, su nombre queda
del canto en boca así juzgado en burla.

Saldiguera se pierde; sorda murga
por el mil novecientos treinta y tantos.
Nadie le ha vuelto a ver junto a su óboe,
pero cantan aún las letanías
si al injusto señalan.

10

124   CONCIERTO DE UN DÍA UMBROSO

Para el que anciano asoma débil mirar
hacia el parque de abetos
y no precisa dónde el concierto se eleva,
pues ya ni flor distingue de paloma,
sino que sólo escucha que Mozart agoniza
entre los tulipanes,
le queda la nostalgia de que un día fue oro
lloviendo dulcemente sobre aquel arriate;
que mocedad pregona aunque su voz no exista,
pero que vuelve luego si por ruina piensa.

Carbón molido pone en brasero que es yelmo
y calor anda en plantas que no en los corazones.
Tienta el alfil de óseo marfil que encajes talla
y sigue la jugada, ajeno a su enemigo.
Él pierde la nostalgia, pues se encuentra en Sidel
descalzo por la playa donde tejen delfines
hilados con la espuma de un extraño atavío.
El deseo se le va en reyertas y escándalo;
que más da ya no ver lo que fuera acontece
si ciego queda el mundo de haberle visto tanto.

Oh soledad del último vestigio del otoño
incierto en ese trámite que tal vida le exige;
como quien aguardara que una mano que siembra
dejara sobre el surco una simiente cálida.

Espesan las cortinas lo umbrío de la alcoba;
devociones se alzan cuando el tiempo fenece,
frío que amor ordena, invade el aposento.
Reclina la cabeza.
                    Vive el que así recuerda.

11

125   IRACUNDO PODER

   Iracundo poder, pues avasalla
si la cerviz se alza para un don respirable.
Claustro donde reposa el leve epitalamio,
tales ansias de amor truncadas se quedaron.
Fue la mudez el orden,
el lento pasear bajo las arboledas
que en cenizas crecían;
la nieve sobre el pecho y un ala que se quiebra
sin volar en los labios.

   Gente afaena el menester,
reposa quien altivo, rebelde se inmolara.
Siguen aquel cortejo de porta cuerpo roto.
Quien canta es un pardillo en la cima del árbol.

   Cana es la memoria;
fiesta del desconcierto, hay ruinas galantes;
artesanos del rito, olvidan lo que hiere.
Falso resulta quien otorga honores
a quien de honor no viste su linaje.

12

126   EXTERMINIO DEL ÁNGEL

   Todavía, ángel de la candela;
voraz aniquilaste el sudario paciente
que envuelve esta orfandad.
Tu predio porta máscaras
y es un dominio de la servidumbre
que angosta pace estéril
y en la noche que tú volabas a otros páramos,
miraba ensombrecido una estrella remota
y cantaba en los porches
bebiendo de las cántaras.

   Todavía prevaleces,
habitando la herida
de aquel hombre lejano,

que su razón dictaba separarse del campo
y fue a vagar por siempre de aquel lodo
despavorido y triste, pues su tierra olvidara.

Mi ángel, todavía de arquero,
cuándo te irás por siempre;
cuándo muerto custodien tus despojos
para que así se quede volando una presencia
y luego de beber,
mi gente cante alegre,
porque al fin son libertos.

13

127   HISTORIA ANTIGUA DE SIDEL

Taciturno fue el último exégeta que habló de las costumbres
más preeminentes de Sidel,
puesto que aquella gloria, él no la entendió.
Pensaba que era notorio si los pueblos pujaban
por ascender sus rentas, el vellocino,
laureadas cabezas que una ciencia portaban.
La eclosión del momento; puertos de estrépito y sirenas,
olimpiadas del brío, la charanga desnuda.

Era un artesonado bajo el sol cobijante.
Hormigas de la arcilla, beben sus infusiones
de yerbas dulces; pardo el vestido tosco,
duro aparejo arrastra y así adquiere el molusco,
o camina en la estepa
para vender los ajos montaraces.

Esteras teje en cáñamo para dormir,
es suelo tanta sangre postrada cuando sueña;
de un brinco se le para el meditar
pues si la tierra es virgen, vano es pensar en nada.

Tortura tuvo el joven por ser infante y plácido,
su historia es un recuerdo de otro país florido.
Un bordón le sujeta su reloj corazón;
si son aires triunfales, medallas acaricia.
El otro joven llega cabalgando sin bridas;

para su bestia en belfos junto al patio de alerces,
besa paternidades y su lisonja es eso:
sonrisa, queso agrio, leche en cuencos; se evade
pastoreando luego mugidos de su hacienda.

Estos hábitos eran.
Gente feliz contempla
que no es miseria lo que ausente falta,
sino lo que ya nunca fue menester decirlo.

14

128   JUEGO DEL TAROT

    Quien al azar dispone sus cartas o sus actos
y ahí queda con los signos abiertos
mirando a su tahur;
y mudo, pues quien dice es sólo el que interpreta
lo que ve o remeda, lo que ejercita o piensa,
sabrá si aquellos fueron clarividencia,
clave de su destino, don de mesías,
la llamada de un orden que si surge secreto,
tan sólo el elegido ve su oculto designio.

    Lo que nunca has podido adivinar,
es qué mano invisible los símbolos ordena.
Y te queda tan sólo el amado misterio,
gruta de tu cobijo y razón que no entiendes.

15

129   DICK-JOCKEY

    Quien ordena el concierto
¿por qué oculto dispone?

La tiniebla le cubre
con el haz y la antorcha;
da furor o arrebato
mas si muda el deseo,
nacerá una canción
delgada cual quebranto.

Contempla a quienes danzan
y el que danza le ignora.
Hay tumulto en los cuerpos,
frenesí de ser vivos;
recinto de los ecos,
curvo templo de escándalo.

Nunca la luz desciende
ni él se yergue en su púlpito.
Al menos la alegría
mostrar debiera el rostro.

16

130   POÉTICA

Este momento es sólo
la eternidad.

Acontece el suceso y contemplado
se queda ya por siempre.
Ojos que no han de ver,
lo miran si lo inventa.

Pasa la realidad y siempre es otra
pues ya por meditada se transforma.
Y nace el sueño, más real que aquélla.
Si sólo se quedara lo que vemos
tal como así discurre,
sería finitud lo que acontece,
no eterno devenir.

(No es la flauta entonada lo que miran tus ojos,
sino su música lo que oyes.)

17

131   OBEDIENCIA A LA LLAMADA

   Secreto ha sido el orden que así llama
de oculta selva ignota a tu alfabeto
y presto reconcilias tus instantes
ante esa voz que ignoras, mas conoces.
Por dónde vino idea a tu recinto
y así lo modificas escribiendo
palabras que son tuyas, mas te dictan
soplo que no es susurro y sí es herida.
Hablar en plazas y gritar los trinos
tu oficio es y menester por noble.
Quien no oyere esa voz feliz se absuelve,
mas el que las medita, se destruye.

18

132   RETRATO

   No es altanero tal placer,
se basta sólo a sí mismo
ya que su gozo no se aparta
de los demás,
 sino que para asirlos,
debe buscar su gabinete,
cerrar el cortinaje, beber descompasado,
ocultar el estrépito,
mirar al quiebro nubes de presagio,
hablar entre voz alta con aquello que inventa.
Papeles son, que el sueño moja y fía
en dejar entre ellos palabras,
música escrita,
la otra realidad, que por sagrada existe
tan sólo en su labor,
y que los otros nunca verán si ciegos viven.

19

133   DOCUMENTOS APÓCRIFOS

Documentos apócrifos son,
nunca estudioso anduvo por legados
descifrando su verdad.
Quien más cercano queda,
fue mester de clerecía;
pero el abad no admite
por peligro de heterodoxía.
Divaga el claustro pues pudiera
ser algún sueño;
desliz de Leonardo
tal vez.

A alquimias se someten.
Pero el humo no es blanco,
que alquitrán de retorta en el aire se vicia.

Una capitular iluminada
de orfebre pendolista deja mudo el tratado.

Si no se supo que la historia es cierta,
el esfuerzo bien vale en ser creída.
Se inventa el hecho.

Siempre el axioma estuvo
en manos del poeta.

20

134   CONSTRUCCIÓN DE LAS PIRÁMIDES

El arquitecto que midió los cielos
con sólo ver qué astro en noche oculta
cuelga del mundo el caminar eterno,
fuera emisario de los que vendrían
más tarde a su nacer.

Pues el lugar medita; aparta huertos
y riega así la piedra porque aflore
cual ciprés apuntando.

Avizora presagios y señala
el vértice de punta, la cuchilla
que atravesara nubes, ya que siempre
se hiere lo que vuela y nunca gime.

Un ícaro le eleva y ya contempla
el macerado arrastre del granito,
el sarcófago ignoto con sus odres
que si vino fermentan, lagar en tierra fueron.
No es tumba sólo para cuerpo regio
en brazadas de perlas orlando los muñones,
sino caverna donde tañe el mundo
historias de la muerte y sus conquistas.

Extraño espanta aves del Averno,
es obra eterna lo que prevalece.
Y di por qué no muere lo que es culto
de la muerte incorrupta y con diademas.

21

135   BODA DE ANAXIMANDRO

Qué angosto epitalamio para gozar
es éste,
ya que por mucha entrega de los cuerpos,
siempre varón será quien aguerrido
nazca en la corrupción.

Desdeño tal placer; nunca se une
el gozo,
ya que así se separan los deseos
y siempre rompe el hombre con su grito
la sosegada cítara tañida.
No es columna tan sólo quien sostiene
tal plenitud,
sino redondo mundo, esfera loca
en derredor las almas derritiendo.

Aparta pues, desnudos;
regresa al clan nativo y procrea en tu especie.
Repudio descendencia y vago en esta noche
ya que infinito soy, pues el mundo es bien curvo.

En el púlpito de fray Luis de León de la Universidad de Salamanca (1975)

22

136   INTRODUCCIÓN A PÍNDARO

Lúcido fuera si la gloria exaltas
y el vítor cuelgas de la sien ardiente;
si en el gimnasio yaces y pregonas
que es héroe quien ya muere compitiendo.

No hay más vida que el vuelo, si extendido,
cruza los arenales del humano rincón
y trasciende a otras ansias y un salterio
le acompaña por trémulo en su huida.
Noble milagro el que a la pira llega
victorioso de sí y del tumulto
quien desviste la clámide y reposa
su triunfo de arquero y su jadeo.

Nunca por menestral, sino por jueces,
aterido quedara tal mundo sin la llama.
Dioses contemplan la conquista
y el victorioso ya, dioses comparte.

23

137   BAÑO NOCTURNO

Me has dado plena luna
para ver qué acontece.
Los bañistas hundían sus cuerpos en las linfas,
el abismo guardaba sus medusas
y era gozo flotar entre la nada
que un murmullo repite cuando en la orilla muere.

Quien los ojos penetra por ignoto coral,
adivina tan sólo lo que encierra el misterio.
Allí sobrecogido aguarda el relicario
de quien su vida ahoga,
cofre que fue pasión y sales ocultaron,
placer de hundir las manos y nada queda asido.

Cuerpo tuyo acaricia un despojo infinito
y sumerges tu vida en un mundo que ignoras.
Tan sólo un resplandor en los cielos preside;
plenilunio en la mar, la tiniebla en lo alto.

24

138   MÁSCARAS COLGADAS

La del rictus amargo, un bufón cortesano;
la de la pena, huérfano en los atrios ducales;
aquella cabellera fue quebradiza alfombra,
los ojos de azulaque fueron ciegos por siempre.

Quien el rostro remedia, cubre sus penitencias.
Caras conozco, nunca, pensamientos ocultos.
Quien un río desola su sed le acompañaba;
da el rostro su verdad, pero jamás su estirpe.

25

139   RIÑA DE GALLOS

Corto vallado es para cercar el rito.
Un aceite que hierve, los ojos embalsama.
Garfios de apoteósis circunda el circo en cirros;
jadeo va, saliva lenta cae.

Torres del artificio en la arena se encelan.
Un medirse los pasos, como quien firme danza.
Torbellino de pronto: el encrestado hiende
tal saña en el plumaje, que la pluma ya es roja.

Coro apremia y se envidia en no ser contendiente;
deseara trocarse en animal sin vuelo,
pero capaz del último alarido si inmola
en otra vida ajena, su vencedor triunfo.

26

140   ESCENA DE DISCIPLINANTES

Torso de una sirena en tatuaje,
costillares endémicos, hombros alicaídos,
vientre desbotonado y fajín sin costura,
degollación del plexo, arañazo de esparto:
sangre de la carcoma.

En el salón decoran inscripciones de Tiépolo;
la mesa ornamental, tiende sobre su mármol
dispuestas disciplinas.
Aquel que el garfio escoge, mortal pecado guarda;
quien la soga de lana, amedrentado vive;
si el látigo fustiga, será espalda de obseso,
más el quejido brota, que es oración el aye.

Tan dura es la iracundia que el vinagre se tiñe
y la piel de apostema quiebra su delgadez.

El campanil advierte y la secta se yergue,
no habla quien se inmola, pues la palabra hiere;
cantan un mismo arpegio de aire macerado,
la luna se universa y restaña el dolor.

En la umbría soledad, cuando el mundo no hiere,
idolatran el gozo de saberse aventados;
flagelo para un cuerpo, ya que conciencia olvidan
y esta vuela en la paz del jardín y los claustros.

27

141   CIRCUNCISIÓN

Pasteles de verdura, fría gallina en trufas,
almendrados de azúcar, huevos amarillentos,
espiga en los manteles, sal en cuencos de plata,
ácimo pan y vino bendecido,
fermentada pimienta.
                    Se entonan melodías.

Descansa el circunciso sobre una hopalanda.
Cobija así su sueño quien de amor le creara,
gozan si en él esperan ser cuerpo resurrecto.
La esperanza es del pueblo, pues vive quien aguarda.

28

142   JOVEN INDIA, ATAVIADA CON SARI,
             BAILA UN SON DE OCCIDENTE

La perla por la frente ya es carbón,
nunca joya.

Has de quemar el sándalo, pues varón se te acerca.
Vuelve a tus latitudes y medita en la alfombra;
hermoso paraíso fue la tierra que portas;
ofrece tus despojos y sé carne en la selva,
nunca palafrenera de este reino de obsesos
que jamás vio de cerca tus misterios hermosos.

29

143   PALOMAS DE PICASSO

Una hacia el Este mira, por donde llega el sol.
La compañera observa qué poniente es propicio
para que el astro imponga tanto azul que ellas portan.

La alcancía está plena; tal moneda dorada
se para sobre el cénit y allí alumbra la sombra
que siempre queda al pie de todo ser que vuela.

30

144   LLAMADA A LA PUERTA DE ISIDORE
                       DUCASSE

                              «Pero, en resumidas cuentas,
                              es un libro tirado al agua.»
                                        LAUTRÉAMONT.

Es maltrecho el jergón donde está la presencia,
hueco de un cuerpo alzado que el ventanal enciende.
El anafe, en su cisco, tufa el ambiente pálido;

sobre el piano abierto, un trémolo medita.
Ya nieva sobre el mundo y una capa caída,
oculta aquel desgarro: el frío está en los otros.

Escucha, es una estrofa de cabaret,
arpegia la botella su ajenjo alucinado.
Mira desde un ignoto bosque donde los ojos,
constelación semejan colibríes en llama.

Hierve un té en samovar que inciensa tal estancia.
infusión del letargo, pues el humo ennoblece
ya que rostros oculta y es la voz quien preside,
estertor o lamento, discurso del que crea.

Llama quien necesita ser huésped de un momento.
El Conde abre las puertas; se le va la memoria
y postrado se queda delirando su éxodo.
Maldoror es feliz. Son años de esperanza.

31

145   PÚLPITO DE FRAY LUIS

Si así subes carmelo tan dichoso,
madera que de añosa se quejara,
nunca de pie profano tuvo en celo
profanar tal recinto.
Si no es luz que se usa,
cobija en su labrado voz que queda;
oscuro artesonado,
declive del quebranto,
encina, que por rota, fue tal púlpito.

Dirás mañana lo que ayer no has dicho;
pues la palabra en rejas fuera presa.
En grillos quedó lengua y nunca verbo
su discurso ocultó;
pues quien esconde
voces que dentro en grito enmudecieron,
mudez dejó por siempre ya marchita
y sólo habla quien verdad proclama.

32

146   TEMA DE PIGMALIÓN

No desees aquel cuerpo, mármol era.
Galatea al desnudo, la túnica desviste.
Si creador de formas, era prohibido el goce
y menos el amor.

Quien de alfar alza templos,
en solaz los contempla.
No ora quien inventa,
sino quien fugitivo pasa en los eriales
y se le prende al vuelo
la música yacente.

Por amar lo creado,
la estatua tuvo vida
y tal progenitura anduvo por la piel
de quien la palpa y late
y ya desciende,
del pedestal que existe por mantener lo inerte,
a la ancha tierra abierta.

Pues quien la pisa, vive.

33

147   VISITA AL MUSEO

La belleza no es fija, que ágil se contorna.
Rebelión del sentido es la escena colgada;
mueve ya sus figuras, habita nuestro feudo
desciende y dialoga con aquel que contempla.
Palabras que no entiendes pues otros mundos fueron:
adoración, corceles, paisajes de ceniza,
bufonadas de cieno, Nicolás Pertusato,
lebrel que en tal descanso a sus amos medita.

Luego queda el desnudo flotando entre los mármoles,
haz de luz por los pórticos la gracia va otorgando,
éxtasis de la diosa que el barro diviniza.

Pasea la opresión su tapia fusilada
y hay un desgarro en blanco que en sangre condecora.
Los alquimistas muelen sus morteros de especias
y las salas se cierran con lo irreal expuesto.

Así el mundo entre lienzos sus verdades proclama
a quien la mano empuja por escribir su historia.
Tal arrebato es, que solo se medita
cuando la tierra inventas por haberla vivido.
Llevas a tu rincón lo que en ojos se queda
y pasa ahora un cortejo: criaturas han sido.
Invaden tus dominios y no sabes si sueñas
o es que soñando vistes pasando la miseria.

III

148   CIMA DEL DESPERTAR

Como la escarcha, el día abre sus hielos
y ya despierto queda
el sueño de tal rostro.

Ojos miran el techo;
no es cielo lo que cubre
tal alba, sino augusta
manera de nacer
de nuevo al sortilegio.

Un instante quedó suspensa tanta vida
sin acertar qué orden renacía,
de la noche yacente,
al gallo mediador.

Erguido el cuerpo,
ya es vivo en la faena;
tórrido clama su celaje el mundo.

Nacer, nacer:
letales laboreos
para de nuevo asirse a la noche que aguarda.

35

149   HUELLAS

   Perdiéronse las huellas que no eran
mas que recordatorio.
Añejo por los años, el lar se fue al derrumbe:
la infancia toda, objetos y retratos,
la medalla que el moho roba sus inscripciones,
el sabor de los nísperos.
Truhán el polvo invade la alacena,
oculta no el manjar,
sino el recuerdo de sus apetencias
y aquella mano, que caída,
destejía el cabello y fue caricia,
ademán de iracundia y gozo:
rostro del padre.

   Quién peregrino de tu amor,
anuda las sortijas sobre el damasco
y así contempla tan feliz alianza,
absorto en esa luz que la tarde deslía
flotando por la alcoba
y preguntas, qué sueños turban los pensamientos
ahora que es calma.

   Oh, no; es nuestra soledad,
la ceguera que advierte
que las huellas han sido nuestro sino.

36

150   HUÉSPED SOLO

   Descreído queda quien no inventa sus sueños.
Y así, cuando contempla el rostro en el espejo,
no se cree, sino que es otra ánima
que porta su verdad es lo que piensa;
mas luego cuando ignora el no ser contemplado
qué carne igual semeja su impostura,
quién rechaza su ofrenda o no cruza sus labios
con una despedida,

nubla ojos y vuelve a la alcoba en que sueña
y contempla la lluvia oyendo fuera el mundo.

Cómo ensordece el ánimo y su triste desgana
de una paz que no es suya,
sino del gran concierto que enmudece.
Mas él no participa y así ocurre la muerte.
Sólo muere, quien vivo, se aloja en su quebranto.

37

151   RAPTO SIN LICENCIA

Si por apremio llevarán tu vida
a un lar ignoto donde nadie
pueda saber qué flor será la seña.
Si a sueldo el poderoso ordena el rapto
sin licencia de ti, que es quien pervive
y opción no deja para que repartas
recuerdos, besos, gargantillas, llanto;
antes del abandono,
pon en orden los sueños,
vida que un día en su portento amaba.
Si sucumbes será por crimen de otras hoces,
que nunca fue el deseo más hondo que el juntarse
y andar por los altares que tus años alzaron.

38

152   CAUTIVERIO DEL CUERPO

Cárceles fueron, nunca desamparo
las que de andar en mientes te nacían;
ondulabas el cuerpo ante el asedio
que del varón cercaba tus moradas.
Colcha con flores, mantoncillo en senos;
jauría va en tropel hasta tu embozo;
mariposas de aceite en las repisas,
devociones de estampas.
                                        Sortilegio
del vientre que no acepta lo aceptado.

39

153   APOLOGÍA BÁRBARA

    Quien de secta ya sólo lo que es secta proclama
e ignora lo que en torno acontece y es vivo,
miente por siempre.
                    Discurso del esteta.
Viejo el lobo demanda rebaños de vellón,
así arracima en torno coro que bala unido
y ya queda inmolada la idea del bostezo.

    Defiende al fugitivo que en su estancia perdiera
lo que allá acontece, pues de allá nunca vino
y solo en el sabor del orujo y los fuegos,
su cántico construye entre piedras lunares.
Inviolado queda quien así porta el alma
y centinela guarda de sus luces perpetuas.
La idea nunca es una como el bárbaro clama,
sino que en cada cosa el mundo se infinita.

40

154   TRINO PARA OFRECER DISCULPAS

    Febril el párpado y la mano en nácar
quien del sueño regresa su yacente despojo
y al verme en mí, descubre su quebranto
y vuelve así los ojos a cerrar tanta pena.

    Mejor valiera en caz ser aventado
lo que tanta ceguera confunde sus virtudes;
pues si una congoja preludia ya la muerte,
mata el que en ira irrumpe tan sagrado descanso.

41

155   QUIEN MEDITA

Fallece el que a la vera de lo ignoto
ve las sombras pasar y las medita,
el que atesora luego tanta umbría
y agónico presagio son sus sueños.

Murmura entonces lo que en negro has visto;
viejo deseo del hombre fue la empresa;
en hoyo sempiterno se labrara
tal aposento donde mora y yace.

Erguía así la esfinge sus miradas:
quien eterno se llama, fugaz será lo visto,
mas el que apuesta finitud por vida,
inventa ya sus mundos en la anchura.

Zagal que hondero aciertas al venado,
feliz te va el silbido cuando cantas;
quien la luz pastorea, así discurre,
y es quien vivo remeda la sombra de aquel otro.

42

156   ELEGÍA EN VIVO

No son dioses aquellos que el amor nos conforta;
no es solo el mundo, sino las cicatrices
que lo ajeno enajena.
Luego, por nacimiento
parto de horror y sábanas manchadas,
regresarás a tierra.
Allí verás quién caza;
alguien acierto al tacto
y a tientas hunde piedra en la frente altanera.

Pasearás tu pena de malecón que hiere,
ola rota que vuela y luego se desploma,
recoger en la palma aquello que se eleva,
siempre quema en los dedos tan ascenso a lo alto.

Vino de cara angosta a pasear su duelo;
humedece la plaza sus líquenes secretos,
le nace una humedad por los ojos y es llanto.
La tierra siempre tiene la razón de sus lloros.

43

157   GRITO EN EL AIRE

Grito en el aire queda
y así espanta los pájaros.
La noche para el curso,
su devenir de sombras.
Sobresaltan los sueños,
cual niños que incorporan
con ojos aventados
tal pavor.
            Preguntas
a tí mismo
si fue tu voz aquella
que gritó sin saber;
o ha sido extraña pena
que ya nunca sabrás.
Si alarido fue el trance,
si nacimiento de algo,
o tal vez un dolor
de alguien que soñara.
Ya que es costumbre el grito,
por remedar la noche
sus azogues de espanto.

44

158   ÁRBOL CON INSCRIPCIONES

Es aquí donde anduvo lenta procesionaria
con sus pies infinitos hollando la resina
que endulza el nombre aquel que escribiste en el árbol,
y que sólo es corteza de un tiempo tan ajado.

En savia que le asciende va la tal efemérides
y nunca le llegaron tus dedos a rozarla;

es tiempo que se evade por más amor que pongas
en dejar en las huellas un hondo relicario.

El jilguero se encona, pues descubre tu asedio;
la floresta es su bóveda donde alígero canta.
Allí trepan tus ojos por descubrir la cita
y no sabes que todo lo que en árbol se hiende,
florece con el polen que tus manos dejaron.

Así el mirar lo alto nubla párpados trémulos.
Un día fue el suceso, perpetuaste el ansia.
Sólo el mármol, por muerto, conserva su legado;
mas el que vive eleva su herido tatuaje.

45

159   PESCA DE ALTURA

La aventura sería si navegante a ciegas,
con el nudo marino tu poder desataras;
si la carnada fue un cuerpo de naufragio
que el trasmallo retorna a su patria primera.

Mas no esta quietud que es yodo por silente
olvidado a la mar y atónito en la niebla,
sintiendo el sortilegio de un pez que vaga en cieno
y muerde así su muerte pensando asir la vida.

46

160   SOBRE RÍOS DIVERSOS

Hablar; quien mucha agua, poco aprieta,
pues de caudal, el verbo lleva orillas.
Todas a un fin se vacían, riegan huertas
mas nunca germinó discurso estéril.

Gallarda voz, proscenio de la escena;
afluentes rumorosos le alimentan.

Torrenteras del foro.
                    Quien por mudo
sabio es, paternal, todo gran río:
inunda de estupor
                    y fertiliza
palabra aquella que la voz no dijo.

47

161   OBJETOS PERDIDOS

Si pérfido raptor llevóse aquello
que necesario fuera de sustento
pues lo que el tiempo dio no lo remedia
sino tiempo vivido y recordado,
busca la mocedad, que en ferias tuvo
linaje tan bravío y que ya pierdes.
Que si historias fenecen, años fueron,
y un temblor quedó entonces palpitando.

Miras el devenir de agrura altiva;
horcas forzando va quien se destina
a un legado que es hoyo y malvas cubren
y así entierras tesoro o existencia.

Tuvo sólo quien dio lo que posee,
cuerpo altanero y risa en los cantiles,
onda que tensa y salta, ya que es libre.

Y ahora el clamor reclama, cuando sólo
es el comienzo de tus epitafios.

48

162   PUZZLE

Descompongo el amor.
Es vasto, nada ordena sus partes;
se arracima en un tallo, exalta pleno,
mas luego sólo quiebra.
¿Quién despierta los odios?

Veniales caricias restituyen el orden.
Cuerpo se entrega, goza
un pleamar, embate;
el placer quiebra vidrios, custodios de su muerte
luego feliz se rinde
o ya es la agonía..

El origen fue aquel del abandono.
Los bosques se ocultaron fenecidos,
carbón luego otorgaban.
¿Quién compone tal muerte para vida?

Como el amor que odio porque así me reduce,
o ese odio adorable que rompe tus crisálidas.

49

163   CARTA CERRADA

Hoy que no podré
tocar las almohadas donde va tu melena
flotando por el sueño
y ausente así medito
que tu carne es un hoyo que en sábanas se queda
y no hay geografía que ríos bañen luego
pues tu cuerpo está allá
y espera los retornos,
paseo largas noches con charcos que se hielan
y me acompaña ignoto lebrel del que no supe
cómo llamar si mira
o mirar si me habla.

Tal custodia sostengo, pues mi amor ya no es otro
que el verte como pliegas paños y soledades,
el cristal de una copa que por muda refleja
sólo perdidos soles y nunca aquella música.

La llave aguarda fría entre ojos de ópalo;
mi cansancio del día sube peldaños ciertos;
se abre así la estancia mas tu risa me hiere
pues sombras adivina, como yo sueño sombras.

50

164 ## DESAMOR

Niña que no serás, pues siempre en vano
fue tu dolor mujer.
Airecillos custodian tu melena ondulando,
de verdín sombras cuidan las ojeras de luto.
Ven al cobijo. Nunca
llores el desamor.

51

165 ## CONTESTACIÓN RESERVADA, A UNA CARTA
DE AMIGO, EN GRAVE ESTADO

Fieras felices funden sus fronteras,
rompen en selva su acomodo verde;
alas sacian con hambres esteparias,
no son, sino despojos que se inmolan.
Cada mirar tras la ventana, era
irse de vuelo, sosegado el aire;
sana el provecho, pero no el estado,
cual si savia en el árbol se mediara,
o en sangre nunca carne se creciera.

Sueña así quien postrado cuerpo mece
al aire que le ronda y es agonía;
lava en sus ojos la funesta historia,
gozando en su martirio al ver la vida.
Una mano se rompe si acaricia
el cuerpo en palidez que deseara;
ira de su presidio en tal letargo,
romper por siempre lo que así sujeta.
O ser calma en la tierra entre los brezos.

y 52

166 ## ATENTADO CELESTE

Todo lo que discurre, fue invención del que llora.
Salud para quien nace muriendo en maravilla
pues lo que ve, adivina en su refugio eterno
y de un soplo en el barro, resucita el letargo.

Fueron otras monedas lo que en bolsa vacía
y allí le queda sólo arenilla fugaz;
el nácar de una concha donde el iris ya tiembla.
Tan vasto cielo es, que allí está su universo.

Gracias es el insecto que germina las rosas
si porta con su vuelo tal polen a otra vida;
así como tu mano que se extiende y recorre
de un éxtasis al hondo misterio de quien siembra.

No es templo lo que inerte ya la luz petrifica,
si no tú que paseas la templada orfandad;
embuste de saber que nada así acontece,
pues ceguera del mundo es claridad contigo.

Igual que dientes hienden una pulpa salobre
y es fruta porque algo derrama su dulzor,
aunque la empresa fuera llegar hasta el recinto
que es sólo, lo que dentro, estalla en su fragancia.

Siempre en frío aposento una lámpara vela.
Custodia aquella nieve que fuera invade tierras,
mas si oculto atesoras plenitud encendida,
quién será ventisquero rodando por tus sienes.

Método es tan sólo quien anda en las ruinas
por construir en ellas los hogares que fueron,
sintiendo carne ajena guardar en su cobijo
tiemblo y altanería en su soplo viviente.

Cada instante perdura si así lo perpetúas
dejando huella honda en su fango infinito,
no como quien altivo en los bosques pasea
presto el disparo solo, raudo el reno vencido.

Nunca fue realidad lo que sólo te hiere,
sino lo que te daña luego de meditado,
pues tal don es un hondo talismán si lo portas
como carne irredenta, cubriéndote la sangre.

Y así fantasmas vienen a la melancolía,
acunan ellos sueños por ser sueños que vagan
y es la verdad tan sólo lo que un humo ennoblece,
pues puro, más que el aire, es sólo lo soñado.

Así avizoras cuanto en Sidel acontece;
dios oculto entre odres, ya que ignorado moras
del piélago que cubre tal prisión y secreto,
ya que nunca se supo que dioses imitaras.

Te basta quebrar fresnos y hacer flautas con ellos,
silvar la desventura cuando pasa el profeta.
Trono de tus dominios, cierras las soledades.
Tus ojos, por cegados, otros mundos han visto.

6

EROS Y ANTEROS

Premio Álamo 1975
Premio Nacional de Literatura 1977

«Serán ceniza, mas tendrá sentido;
polvo serán, mas polvo enamorado.»
FRANCISCO DE QUEVEDO.

1

El vals, *La valse,* por rabel tañido
de Ravel.
          Cuando Eros se destapa
con ojos glaucos por el verde mapa
de un cuerpo al lado en desnudez tendido.
Ízalo pronto para el baile ardido,
que cerviz y pavesa cubre en capa
y absuelve así la mano que se escapa:
ajados terciopelos del vestido.

Abluciones serán del ejercicio
de amar a solas juntas soledades;
quebrado el himen, quebrantó el oficio.
Así resuelven valses de aguaceros
por alcobas de espasmo y orfandades
el 'Eros solo y el plural Anteros.

2

          Anteros, hijo de Afrodita, pasa
junto al odre de Naxos, rubio vino
enlutado.
          Despójate el albino
coronante joyel.
          Tumba en la casa
la sierva más indómita y amasa
en ácimas artesas tu destino.

Hiende al arco la liebre sobre el pino
abatido del rayo...
                    Huye escasa
la mies sobre estos prados tan nupciales
por el viento carnal de la agonía.
Oh hijo, compartido en esponsales.

Lunado fue tan débil nigromante
en vestales calendas, que se hacía
dócil la carne y el amor menguante.

169

3

Genuflexa y redonda, la rodilla
se esponja en savia y yerba tan labrada,
que columna del muslo, por cansada,
cerco de carne deja si se humilla.
Roma el césped, apriétalo y mancilla;
encinta queda huérfana morada
de hormiguero trepante por la azada
de la pierna incorrupta.
                              Se arrodilla
el cuerpo comulgante en los despojos
de su tierra pariente y paridora.

Placentas van de lava por los ojos,
anillos quedan de oferente suelo:
criatura que nace mientras llora
y es sangre de alianza para el vuelo.

170

4

Qué angosto encaje por orfebre tallas
dentro del cuenco que en el vientre anidas
si en hijo así se cumplen renacidas
huesos tejiendo y leche en tiernas mallas.

Por prietos calendarios donde vayas,
nueve meses de gesta gestan vidas
y templos son las ayes; mas que heridas
en cóncavo recinto llanto ensayas.

Vendrá varón por ley enrojecido
a una sábana helada que le acoge
si campo yermo, estéril camperío.
Que viviendo, así nace lo vivido
y el fruto irrumpe cuando en tierra moje
tanta sangre labrada en tanto brío.

171   5

Que secreto no fuera, en palio vienes.
Oculto el rostro, por custodia pasas;
guarda son de tus ojos más que brasas
el lento velo encubridor de sienes.

Te pisas la mirada, pies rehenes,
caminante pudor, tierras escasas,
limosnera de llagas por las casas
que tristes cierran luto de sus bienes.

Mira el dolor que viéndote no veo;
guerra pasó y queda en las ojeras
huella por llanto, yermo lagrimeo.
Manos alzadas, vacuas de bravura
en cárceles enjutas prisioneras
reo son del letargo en tu cintura.

172   6

Tu cuerpo tallo y en caricias yerro
si carne ocultas deshilando paños;
huidos pies, peanas de tus años,
estatua majestad, lluvia en el cerro.
Si cabe amor que menoscabe, entierro
manos raptoras para tus engaños
que manirroto y ciego, cuántos daños
compañía me harán en tal destierro.
Fiel quedara quien muda, la voz sella
y queja así levanta en triste coro
y ya vencido en desamor se inclina.

No tu cuerpo flotando por aquella
la imposible batalla del decoro,
yaciendo hermosa en desnudez marina.

173   7

Por la mesa, plegada la camisa;
los blondos brazos, pectoral abierto;
tu mano pasa plancheando a muerto
arrugas de una carne tan remisa.
Si fuego pones, la fogata avisa
que no almidón se yergue, sino yerto
cuévano de un osario tan incierto
de holganza en telas que incendió la prisa.
Tórrida palma tuya en calentura
que el ansia aviva y el ropaje inmola.

La carne tañe su deseo ardiente,
victorioso el desnudo se procura.
Sudarios son del lino que me cubre:
tu vida transfiguran con mi muerte.

174   8

Cumple bravío el sexo lo que doma,
oferente se rinde y a destajo
si vida cercenada por un tajo
agoniza a la par de cuanto toma.

No mancilla si hiere, sino roma
laxitud infinita; sueña bajo
los ojos de la puente su trabajo
de alzar ruinas y escombrar aroma
de abatidas columnas en desnudo.

Pasó jauría, por piafante, impura,
cercana al lecho silenciado en velos
y el hechizo rasgó por cuanto pudo.

La gubia penetrante en la cintura
silencio advierte y estertor en celos.

175

9

Si hacer pude por cierto lo que duerme
volver a despertar, pues quien despierta
mañanas cubre si por alba yerta
inmola al cuerpo en su reposo inerme,
párpados bate para estremecerme
si desnudo pudor cubre la puerta
de la carne transida, mas que muerta
letal envío ofrece al ofrecerme.

Así en reposo cuerpos paralelos
ven aves anidar en las alcobas;
luego de aquel letargo, en lecho penas.

Placer de dos, indómitos de cielos
y abrasados de pánico, si robas
rugiente hoguera de trenzadas venas.

176

10

Venas trenzadas de rugiente hoguera
el páramo calcinas cuando pasas
si manos trenzas y en caricia abrasas
rastrojo mío que de parva era.
De qué cuerpo blasón yo me quisiera
por tu campo de gules que traspasas
tumbando ciervos y dorando en brasas
la túnica cendal que te cubriera.

No rías por ya verme sin despojos
persiguiendo tu caza en cuerpo huido,
que en cetrería ciegos van los ojos.
Y presa ya, delirio al alcanzarte,
rasgando juncos tu desnudo ha sido
fiesta en la fronda para contemplarte.

177

11

Por contemplarte, fiesta hubo en la fronda;
dioses del abejuco raudos vuelan
por ver si ven lo que ya viendo anhelan:
pubis en linfas, desnudez redonda.

El césped cuida que la diana es onda,
ondina al río que desnudos hielan
y entre espumas y peces se cincelan
yacente estatua en soledad tan honda.
Tape el tapiz, pues roba del paisaje
el suelo verde y el junquillo altivo,
cuerpo en descanso y mudo sin ropaje.
Que noche venga y cubridora sea
del abandono que por viva, vivo,
y luciérnaga alumbre cuanto vea.

178   12

Vea si por luciérnaga es vidente
que el suelo toco y tierra me apresura
en subir piernas alzas de tan duras;
enebrados enebros tienden puente
para que pase al fin, quien de repente,
de brocal indeciso se procura
compaña al caminar.
                              Dura y madura
el agua cae del pelo de su frente.
Ya cascada le cubre por vestido;
melena al suelo, por detrás, no verte
y viéndola de frente en niebla anduvo.
Resuelto el bosque, ajeno va el sentido.

Era hora muy justa en ver lloverte:
perdido fue, quien tuvo y no retuvo.

179   13

Si tuve y fui perdido al no tenerme
en pie, pues caminar no pudo el cielo,
que pase el lance y se desplome el hielo,
nevero ha sido el frío de perderme.

Laberinto tu goce al ofrecerme
altivas sierras en nevado suelo;
luego el jardín, umbrío del anhelo
y tarde el muslo o valle donde arderme.

Voraz quien sed ya bebe y se suicida
y esparce así la yerba aprisionada
de un cuerpo desplomado que fue vida.
Pues la muerte ya es otra en tal sudario,
que letal va el desmayo y muerte es nada
si beso entierra en su yacente osario.

180   14

Si el hueso yace y enterrado besa
la raíz que de humana fue transida
epopeya de carne, cuando en vida
paseaba el talle, la cadera ilesa,
qué dirá, no, la reja que por esa
ensemillada tierra al surco herida
topa el hueso, levántalo y se olvida
y arado sigue y vase y ya regresa.
Pues algún día quedará recuerdo
que vivo anduvo lo que grácil siembra
y aventa así tomillo y frutas bate.
Del hueso flautas hizo, acordes muerdo,
ya que esqueleto fuera de tal hembra
victoriosa de sí en el combate.

181   15

Quien sus batallas vence y a saqueo
hurga reliquia en boca del vencido,
llámese beso o menoscabo ha sido
de esa muerte olorosa del jadeo,
por siempre así perdone como reo
de ser victoria en otro fenecido,
pues si desmayo y lance tan temido
da igual que muerto por amor me veo.

Torneos van, a cuerpos almenados;
quien torre escala, hunde la bandera
y blasón así abate en furia alzada.
Ya tus hombros se rinden traspasados
por dientes que le roen la frontera
que agónica se va a la boca ajada.

182   16

La boca abierta, balbucir sonoro
dice no dice ayes suspirados
que no perdón o afrenta traspasados
por pico que en ballesta hunde canoro.

Lagar que tú germinas siempre en lloro
cuando de núbil le pasaste a nados
de andar púber, vestal en los estrados,
al cauce que orillado en vientre moro.
Así de virgen a lechal violento
por leche va manando su descote
y senos se arrebujan apretados.
Generoso y redondo el alimento
y el grano cuerpo queda, muerto a flote,
entre ríos de leche naufragados.

183   17

Náufrago fui, por río en tus orillas.
Tú, quieta al borde; linfas van en vilo
como quien teje espumas por un hilo
que madeja no sabe cuando ovillas.

Teje impasible si al amor humillas
a ser ahogado y cercenado al filo
donde ojos bajos, sin mirar, a estilo
van del pez ciego: ciega maravilla.

Rescate fuera asirse a la madeja
que de tu pelo Ariadna blondo bañas
o trepar a tus piernas rompeolas.

Cobijo halle quien te cerca y deja
su cuerpo nauta que tatuando arañas
placer en rabia y el deseo a solas.

184   18

A solas deseante en rabia places
por no morder, hendir lo placentero
que si en burla te ronda, cerco espero
y paz no haya si haces lo que haces.

En tal guerra y presidio haciendo paces
templan cuerpos su fuego en el acero
pues quien antes cedió, gime en su estero
y si luego le sigues, muerto yaces.

En tal letargo, carne se condena
y deseante perdición ha sido
rasgar encajes perdonado afrentas.

Germina el vientre su fecunda avena,
de espliego cubre herida por vestido
y en sábanas desnuda te aposentas.

185   19

Plumón helado, el desnudo breve,
un seno tiembla por transida mano;
el fuego, que por fatuo, foga en vano
pues hielo aventa si al calor se atreve.

Cómo el chapín no calzas si tan nieve
el suelo queda y aguijón el llano.
Te portaré por fiebre y por cercano,
tu carne fui cubriendo mientras llueve.

Si en tropel tanta nube se atropella
y encono en tempestad resuelve airado
y el rayo rasga la piedad dormida,
te cubriré si pisas tanta huella.
Pues por frío, la tórtola, si alado,
plumón volando esparce de por vida.

186   20

Por más que se afanare a larga vida,
corto fue lance tal a contradiente;
minar axilas y morder el diente
chasquido en boca o beso en desabrida.
Así postrada, ofrenda y sacudida,
del pasmo queda, náufraga y silente
letargo en nido por cendal caliente
a muerte se asemeja por dormida.

Fustiga la piedad, mi cuerpo mío,
que abejorros te hostigan desvelada
y en sangre punzan tu abandono invierno.
Cuídeme ya la ropa tanto frío
y regresa por lenta y despertada
que el lado yazgo en centinela eterno.

187   21

Quien centinela hogueras alimenta
por ver en noche sólo ojos ardidos,
el brazo cuida de rescoldos idos
quemado y ya pasión tu cuerpo ahuyenta.

Traición la guarda que abandone sienta
y persígala caza entre gemidos,
que abandono de ti van los sentidos
a campo ciego, a ciénaga irredenta.

Cómo hurtar el regazo donde tejes
profecías o llano e hijo nuevo
o un halda entre madejas que destejes.
Quien la guarda no tuvo, busque en vano,
que perderte de ver es lo que llevo
penado paseante de mi mano.

188   22

Si de mi mano a pasear te apenas,
caminos tuvo quien llorando anduvo
y si libre, a despojo, no retuvo
el calor que de abrazos encadenas,

huye entre cedros, fúgate en condenas,
que perdido y atrás, mi busca tuvo
huellas del paso, desnudez retuvo
el velo que olvidaste en juncos apenas.

Vendrás a tal estancia en donde arde
leña del tilo y aroma sosegado
y fresas en racimos a endulzarte.
Pues soledad persigues cada tarde,
compañía de vientres y enlazado,
reyerta en fuga y goce de olvidarte.

189   23

No olvidar pude y el gozar pedía
si escándalo por noche oscura anegas;
ruido tenebroso cuando llegas
clámides despojando, estatua fría.
Que si piedra trocaras, quedaría
siempre en carne aquel aire donde entregas
la estatura perpleja, cuerpo a ciegas
que en pedestal, mi cuerpo yacería.

Descansa sobre el plinto de las piernas,
esparce cabellera por la ojiva
del pecho tatuado en signos tuyos.

Eros se erosionaba por las tiernas
caricias que en tu carne a la deriva
galerna ahogaba en los naufragios tuyos.

190   24

De naufragio coral, soñando y roto,
en playas del amor, mar que te humilla,
tu baño esponjas cuando el cuerpo ovilla
desnudo el frío en tu flotar remoto.

No linfas viste pues nadando azoto
iras de quien no alcanza tu alba orilla
y allí sestea en la mojada quilla
la espalda en yodos, cruel del maremoto.

Si el rapto fue por obra de delfines,
toros de Europa con su cuerna embisten
asolando la arena de los peces.

Huyes por deseante a otros confines;
riendo corres y con algas visten
salados senos, pezonadas nueces.

191   25

Huye de sí, quien pena por tu sombra
cuando el suelo su imagen va y repite
y la sigue, lebrel, jugando al quite,
ruinas cubre y el camino escombra.

Si ciega en velos su volar de alondra
y mirando no dice lo que admite,
dí por ciega a qué lecho me remite
tantan mudez cegada que me nombra.

Hallé tu huella enmadejada y mía
en cárceles desaires donde callas
si arañas tejen imposibles muros.
Y cerré de por vivo cuando abría
historias de otro tiempo, con batallas
vencidos ambos y a placer oscuros.

192   26

Si oscuras vences, sombra de aposento,
que entre hogueras pasó, luce nublando,
tambor por mudo y sin batirlo blando
sigilo fue por cauto y de por lento.
Hundes de pronto boca con aliento
y beso queda en flor, casi temblando,
pues vigía dormido hallóse cuando
gallos despiertan a traición del viento.

Clavando risas y en despojo erguida
en brasas leños por la piel trizada,
la hoguera sube en áspid sacudida.

Calmó la tempestad, quemóse a flote;
quien oculta cazó, fuera cazada.

Montero la levanta y luego olvida.

193 27

Izada en talle, por volar desnuda,
pudor cubre de párpados callados.
Baile a puntas, más vuelo que volados
cuerpos yacentes danzan por la duda.
Una espineta en valses presta ayuda
a tal flotar, de asidos, abrazados;
luego música en torsos, por danzados
el cuerpo tañe nota tan aguda.

Quebró el acorde, mas la estancia suena
al trémolo que en carnes resonaran
y ya la portan, musical, en brazos.

En soledad conjunta va la pena
bebiendo el labio como si sonaran
mejor que besos hondos, los abrazos.

194 28

Abrazada quedó besada cera
pues tortura hubo rota de por llama
alumbrando los cuévanos, si ama
en carne extinta su extinción certera.

Muerte en brazos. Mas viva. Queda entera
si así el sonrojo asoma y se oriflama
y pánico caído, ausente dama,
se incorpora más tarde y sonriera.

Tan sólo el colibrí, testigo mudo,
espiando su polen, voló a tantas
flores diciendo lo que alado viera.
Y el vencedor, si pudo lo que pudo,
el rostro cubre por secretas plantas
vedando a tal jardín su primavera.

Con el académico y «Premio Cervantes» 1982, Luis Rosales (1977)

195   29

   En yerma piel se abundan la tal tierra
celosa por la flor, cultiva sola
lo que en alcobas vaga y se desola,
esperando que noche cele en guerra.

   Corcel que a corta brida el freno yerra
y liberto se ansía y desarbola,
lunado paces, si paciente inmola
vibrante azogue que tumbado aferra.

   Escapa si esperase el desafío
del balcón asaltado, al musgo asido
y violante antifaz, seguro puerto.
Soñada fue la escena y nunca mío
ese trance, tal hora y alto nido.

   Despierta, realidad, que nada es cierto.

196   30

   Tú, sueño innoble, irreal bravío,
fustigada que en péndulos se mece,
emisario de horcas que estremece
si colgado agoniza en desafío.
Ya sé que muerto fuera el poderío
de tal carne arropada, si ennoblece
vestido absuelto que flotando mece
limonero en agraz, agrio amor mío.

   Desciendo y embalsamo tanto gozo,
pues aprendiera en enterrar la pena
de aquello que fue aroma en tiempo mozo.
Y nunca quedó bálsamo y batalla,
pues porto así tal cuerpo por la arena;
tendida en brazos, horizonte ensaya.

197
                                31

    El blondo pelo que en cuidar despeinas
si el viento dejas que arrebate y mueva,
banderas es, si tremolando nieva
canas ya, que entre peines, solo peinas.
Vedejas tales alfombras tiernas
por plumas del nevero oscura cueva;
rastro fuera de ti, por más que llueva,
como el tiemblo, por roto, de entrepiernas.

    No medites si pasa fenecido
carne por tiempo y años por agrura.
Quedará siempre y bien lo bien vivido.
Que más allá, por huella caminante,
fuese melena o cuerpo, sólo apura
saberse invicto o vencido amante.

198
                                32

    En horas menos cuartos, más o menos,
tú, que del tiempo nunca, apenas nada,
tejes y ovillas, cárcava y espada
menos que nunca, apenas brazos llenos.
Portas embozos que embozada en plenos
poderes diste a quien oculto enfada
no verte en más de cuartos desnudada
y así ropas tejer, cubriendo senos.

    No asome al ajimez tanto desnudo
que hiele el embarazo de la espiga
por grano, que apretado, al fin estalla.
Por más o menos vientres, dí si pudo
destejer y ovillar cuanto se diga
de verte en cueros la encubierta malla.

199
                                33

    Quien calla otorga voz, si hablando pierdo
la palabra secreta de tu nombre;
conjuro fuera si a decirlo en hombre
responde en ecos lo que callo y muerdo.

Del breve silabario, bien me acuerdo:
linguodental, dos tonos, y tu nombre
y aquél que lo escuchare sordo asombre
de que al decirlo loco, fuera cuerdo.

Secreto en bocas, cruel el vocerío
por calles paseantes, si a destajo
el labio rapta, el lóbulo trenzado.

Mentira fuera si a la voz me fío,
mordaza en cárcel por bocado ultrajo
y a voz en grito clamo lo innombrado.

200

34

Grité por noches, lóbrego sustento,
lo que perdí por siempre si no estabas:
huella del vaso, colcha en que soñabas,
blues de Bechet, hervor del alimento,
geranio altivo, pozo del ungüento,
toallas que entre piñas apiñabas,
melaza en tarros, cuenco en que dejabas
especias agrias que endulzaba el viento;
cordeles goteante de lejías,
la alacena aromada, el limpio paño,
cal en paredes, llaves de desvanes,
aroma de hijo, alfombras que tejías,
marinas grises y la hogaza en años,
corteza nuestra y miga de tus panes.

201

35

Corteza no fue piel, piélago ignoto,
sino lo que te envuelve cubridora;
cenizas parvas, manto que se dora,
si cuerpo aprieta por temerlo roto.

Yace, mortal, que estatua humilla al loto
ya que mordido olvida patria y llora
de vagar sin destino, igual que ahora
a ciegas yazgo por letal remoto.

No por castigo ausencias me depares
en plazas volteado, en fuentes ciego
y escudilla sin amo mendicante.
A puertas golpeó cuando afanares
pues si atrios busqué, posada luego
encontrara en tu carne caminante.

202   36

Tu carne quieta el caminar olvida
pues fuera siempre esfinge meditada;
geografía natal, surta en la nada,
como si nada en derredor fue vida.
Despojo entre telares ya vencida,
irredento pleamar, túnica ahogada,
por miradores cantas la balada
de arqueros traspasados de tu herida.

Quien buscare caminos por tu siesta
que pañoletas cubren de atavío
anduvo peregrino y desnortado.
Que dormido fue el goce y no hubo fiesta
por la pradera de tu angosto río,
duermevela del pubis desvelado.

203   37

Desvelada oquedad, lisonja oscura,
valle del vellocino y la turgencia,
por laderas afluentes la demencia
derrumba rayos, selva de espesura.
Si recogida guarda se procura
velo encubierto que a cubrir se agencia,
tape la geografía y su querencia
pues montaraz paisaje caza apura.
Así cuenco de espliego y laberinto,
más abrasado que la cal remeda
y más lava que agónica desata.

Volcanes fueron, árdidos recintos
y luego fuentes, si acabado en seda
éxtasis gloria y muerte en catarata.

204   38

    No por muerto pequeño el hueso llueve
el liquen interior que en vida apresa
sino que paralelos, ya es pavesa
de hoguera tal que en derredor se mueve.
Calcina mies, que parva no se atreve;
ceniza fuera y carne que embelesa,
rastro dispuesto, la aventada mesa
donde manjar si hubo, fue tu nieve.

    Cantamañanas del rociado frío,
ventisquero que indómito se hiela
si torpe rozas el desnudo asueto,
tal plenitud nació del amor mío.

    Y quien ultraje dádiva, fue vela
entre rotas galernas ya sujeto.

205   39

    Si asedio has sido en blondas paseante,
bodoques que ornamenta interiores,
sedas custodias, pistilos de flores
orfebre encaje por tus ropas de ante.
Quién truhán pudo ver lo que ese instante
vedado fuera a tantos miradores
si pasabas meciendo surtidores
y agua en vaivén sentíase tu amante.

    No olvides que manando manantiales,
brotan ellos secretos entre adelfas
y la íntima fuente fuera ignota.

    Dirás, no dices, mas callando sales:
la porticada plaza de tus güelfas
y gibelina luchas en derrota.

206   40

No fuera derrotado quien entrega
el vencido blasón a quien durmiese
traspasado a su vera, si éste fuese
malherido en la trampa a donde llega.

De holocausto común, común entrega;
vencido el vivo, vencedor naciese
de las cenizas que aventó y durmiese
junto al laurel que por invicto lega.

Hembra que juncias riega y sustentare,
tridente hunde mas hundido apena
aquel plexo latiendo en venas suyas,

Si por mármol la nieve tanto helare
la túnica que vista, cubra en pena;
cuerpo remiso por las tierras tuyas.

207   41

Adiós, lúcida entraña, altas auras,
gacelada parábola sin dianas,
tensa ballesta por florestas llanas,
piel que por tensa, la tensión centauras.
Al trote hollante, que a galope instauras
dinastías y tiaras entre canas
y luego olvidas, lo que en fuentes manas
sed que posesa en sierva te restauras.

Mas luego llegas si el cobijo puede
destrozando heredad y el alto silo,
la guerra entre naranjas que se estallan.
Tu cetrería por el lecho ruede.
Que más que caza, me buscaste asilo
y asido quedo en muslos que batallan.

208 42

Lavando el cuello espumas esponjaras
si copos bañan senos cordilleras;
lento alud se desploma en torrenteras,
alpino el hombro, axila que nevaras.
Tatuado el mapa por vellón en jaras,
ventisca pasa por tus ventisqueras;
piernas abajo ruedan jaboneras
y en leche el baño al fin te arrodillaras.

Reclinatorio por jofaina niegas,
estatua limpia y comunión ha sido
el agua que al mojarte se encendía.
La hoguera en pie del cuerpo si lo riegas,
que no apagarse pudo si encendido
saciar no pudo el agua lo que ardía.

209 43

De tanta mocedad, trenzas floridas,
por espaldas se mecen, vaivén lento,
si al mar que enyodas huyes sin aliento
una ola más entre olas repetidas.

Talones hundes entre arenas idas
y llegadas de nuevo por un viento;
huellas me dan razón del nacimiento
y sonrazón del rastro en tus huidas.

Como quien siendo orilla no arribase
y en caracola el eco se repite
de tanta mocedad, nadando a solas,
florida trenza que la mar ahogase
y en melena archipiélago desquite
el prieto pelo, piélago en las olas.

210 44

Ilol clamé, nombré lo que se ignora,
nombre de grito en esteparios lares;
calcina un bierzo su iracundia en mares
mas tu prisa en jadeo cerca llora.

Túnicas alzo que arrebato ahora.
Por qué, por qué lejana si dejares
incienso aquí, escapulario, altares,
y allí, vueltas girando, tal señora.

Halcón que por paloma se desvela
y en alcándara hiende pico altivo
por cubrir de otro vuelo tal donaire.

Te hallé, Ilol, te hallé en la duermevela,
del porche a oscuras con tu cuerpo vivo
que en carne tiembla y sobresalta el aire.

211   45

Mujer del abanico, contemplabas.
Cual tú, azul el traje, diestra en alto
parando el tiempo; arlequín de un salto,
cofia que cinta rosa, sólo usabas.

El aura de perfil, ya perfilabas,
picasso amor, nariz del sobresalto;
lánguido queda abanicado el alto
rebozo que entre el halda sujetabas.

Desciende de tal lienzo; quede muda
la atmósfera redonda de su esfera
y cinto, de cintura, yo te lleve.

Galería de exvotos.
                              Y la duda
si a mi cuidado va la verdadera
o fue ya la pintada quien se atreve.

212   46

Descalza por la yerba y caminante
a nunca sé qué fuentes donde apuras,
copiado el rostro si en brocal procuras
linfas bebiendo de menguar menguante.

Descalza por mi pecho; va el diamante
que uñas en nácar trizan de tan duras,
danzantes dedos e ingles aventuras
labrando surcos con la sangre errante.

Descalza penitencia de extramuros,
rasgadas plantas de arañazo espino,
sandalias de abandono descuidado.

Descalza entre avellanos y conjuros,
calza al fin uva prieta para el vino,
la danza ebria del lagar bailado.

213   47

Blúes que tú bailaras como oyente
de un hotel en la costa, aguamarina.
Hay voces en inglés, ingle vecina,
cercana inglesa de pamela hiriente.

Cabeza a pájaros, de piar piente,
porta por tiara nido y golondrina;
furia de cazador tras de una esquina,
arboledas dispara impenitente.

Ríes del suceso y la mar se agita
cuando el trompeta aturdes con su trino,
jazz rompenota del tambor acorde.
Nos expulsaron del recinto.
                                    Y grita
tu risa que no supo cómo vino
y se fue con la inglesa en desacorde.

214   48

Con el tabaco hablo si estoy solo,
compañero de aroma ceniciento;
sabor de lentisquero, tos de ungüento;
tu ausencia guardo lo que en humo inmolo.

Recado va y le dice al alvéolo,
celdas de abeja y mieles de alimento;

para qué trono en pira; expira el viento,
ahumado flota de oferente y solo.
    Dice recado ciego el mensajero:
vendrá si a tales tardes, tardo talas
aquella servidumbre de la espera.

    Y mal vestida llega en aguacero,
como un llanto de lluvia por las calas
donde la espera siempre desespera.

215   49

    Bañistas doran pieles en terrazas,
balconadas al sol de la piscina;
talle ondulado en morenez marina,
al aire pechos, mamas de amenazas.
Tendida y ya turgente, le atenazas
rayos solares que el torsal calcina.
Saltas de un salto, si agua saltarina,
la tal hoguera de tu cuerpo avanzas.

    Prendido incendio se quedó ya a flote,
por más paños menores que te vistan
la desnudez fue a pique carbonera.
Pero emerges, rescate del descote,
por soles negrecidos que te insistan,
carne adorada y cuerpo en la bañera.

216   50

    El cuerpo del delito deleitoso,
yerto está, cubridor en cubrecama,
luego del goce que por vientre inflama
por mor de aquel espasmo y de este gozo.

    Tendido apagaluces presuroso,
dormida y jadeante, venció en dama
que es ser vencida cuando el amo ama,
dueño erguido más tarde al lance airoso.

Contempla ave tal de montería
por el dardo señor bien traspasada,
tendida y prócer, pero siempre viva.

Guantelete acaricia carne fría;
abre los ojos que en soñar soñada
rescate ha sido porque fue cautiva.

217   51

Cautiverio me dieran de tu lado,
cuerda de presos a cordel tirante;
pócima de evasión, cárcel instante
que ya por siempre fuera aprisionado.
Ballestero en ballestas ocultado
reo fuera de sí, traidor infante;
en gleba montaraz pasa piafante,
odios dispara a olvidos disparado.

Quedo con tal estancia y escudilla,
rejas que tú no has puesto, sino el lento
tiempo avispero punza en desamores.
Igual que yedra trepa, al muro humilla,
liquen voraz, arracimado siento
ser cubridor de ojos cuando llores.

218   52

Quieta y posando a la fotografía;
recostada en glicinas, mar al fondo,
la duna por cintura sobre el mondo
y lirondo plañir del agua fría.

El cartón amarillo veré un día
con tu efigie perdida en lo más hondo
de aquel verano; en pléyades respondo
que en playas arenales respondía.

Cómo fuera en recaudo tal escena,
años de mocedad tus muslos prietos
de un cuerpo meditado entre las flores.

Fuera como un recado por la arena
que el tiempo ya cubrió, con sus aprietos,
espléndida entre paños tan menores.

219   53

Por culpar los incendios forestales
que pirómana nunca tú encendías
a cosa hecha y hecha cosa ardías
si al mimbre le rozaban tus costales,
qué culpa el bosque tuvo si en bancales
a tu paso las parvas encendías
y rastrojo y tomillo, hogueras mías,
del campo fui apagando en manantiales.

Jurados guardas baten batidores,
entre jaurías de pelambre azufre
y antorchas de resina resignadas.

El disimulo de tu fuego ignores,
culpable por pasión de cuanto sufre:
nadar guardando ropas enropadas.

220   54

Cierran puertas, las jambas se doblegan.
La luz, la luz; oh espasmo, se apresura.
Nos queda ya un amor a estancia oscura
y a sábanas heladas que se pliegan.
Un cántaro caído. Llaves niegan
moradas lentas, dulce criatura.
Huellas recoge, dúrate en la dura
ciega memoria que los ojos ciegan.
Porta en brazos espliego de equipaje,
argonauta de bruces, no hables nada;
cuerpo de soledad cobijo ultraje.
Aquel lento suicidio meditado,
aquella mar que envuelve en su brazada,
vivir a flote tanto amor ahogado.

221   y 55

Adiós, Eros nupcial, erosionado
cuerpo de pie quebrado estatuario;
portadora de exvotos, incensario
camafeo por péndulo colgado.

Verano de aguanieve por tu lado;
adiós, remota, cerco necesario,
que a cuerpos juntos fueron tal osario,
flauta tañida en hueso bien sonado.

Salobre fue la ola que nos trajo
a este atavío que costero pena
la carne acantilada en que te meces.

Náufrago queda tu ahogador trabajo,
masaje boca a boca por la arena
y resurrecta al fin por tantas veces.

7
ENTRETIERRAS

I

ENTRETIERRAS

(Abril-Mayo, 1977)

«ENTRETIERRAS» queda escrito en la
meditación de la imagen de Ana González
Cortés, mi madre, ya que ciertamente ella
no murió, sino yo, su espectro

«Ciertamente, puesto que aquel no ha muerto,
sino yo, su espectro.»

LUCIANO DE SAMOSATA.

«Amadas voces ideales
de aquellos que han muerto, o de aquellos
perdidos como si hubiesen muerto.»

KONSTANTINO KAVAFIS.

«Calla. Quien habla escucha. Y quien calló ya ha hablado.»

VICENTE ALEIXANDRE.

1

222   GUARDA Y SOSIEGO

        Están los ojos quedos de mirar
        lámparas que no son;
        una glorieta
        al sol del mediodía,
        puede que un estallido de nácares,
        tan pronto,
        la red rompe la linde al agua mansa
        y emerge la captura de la pesca.
        Acaso fuere el robledal del alba
        cuando el búho se evade, pues no es noche;
        o la capa desmaya de tal cuerpo
        que del frío cubriera.

        ¿Dónde esa luz; quién mira si interroga
        a la araña que teje su rincón de captura?
        ¿Quién al morir su ánima se incendia
        pues ya es fuego evidente de lo oscuro?

        Roza el cuerpo candeal que así se agota,
        baja el párpado helado a su frontera
        que inerte va y contempla suelo árido
        pues ya sabe quien topa hoyos vacíos
        donde lombriz que de amarillo viste
        pasea su letargo.

        Sé de la claridad que vieron ellos
        cuando el lance les cumple.
                                Dan pañuelos
        de empapada resina de la vida
        a quien custodia ese dolor.
                                Les miran
        con la helada humedad del sacrificio
        y dicen: *Sosegaos.*
                                Ellos dicen
        sosiego, pues se colma
        el embeleso de la tal urgencia
        que hubo cuando de vivos practicaban.

Aprende, mi compaña, el silabario
de esa anunciación, cuando brazadas portas
de alhehíes festivos a ese cerco
de ruindad postrada, donde un yermo
va y se agita y apriétale y levanta
el cónclave floral del velatorio.
Que postrada por siempre, ya le dices
qué palabras de luto, qué conjuros
que sólo sé yo hablar por visitarte
al pie de la montaña, donde cruza
un lento caracol de baba y ungüento.

2

223   DE UNA LENTA AGONÍA

Casa es, donde el reino del sufrimiento
meció la invalidez.
Un álbum trae estampas de carnaval:
goce sobre los parques.
                    Primeras piedras
del mausoleo.
                    Barquillos de canela:
la hermosa gusta del sabor.
                    El automóvil acharolado
deja su hollín minero al guardapolvo.
                    Mientras se escucha *Aida*
en los parterres se desmayan vírgenes.

Repasa aquel vivir, ahora que es pálida
frente que en rosa carne dibujaba
un agua de azahar.
                    Que una hirsuta pelambre
redecillas no acunan pues ya queda
desmadejada la melena triste,
encanecida testa que se dobla
por pesarle el dolor.

Arropa tanto tiempo a la delicia
del fuego que calcina lo que existe.

Mira qué ardido mundo se empavesa
como algaida que el brezo cerca y doma
y pasto es de todo lo que muere
por la consumación del sacrificio.

3

224   LA ÚLTIMA PALABRA

¿Por qué la voz se quiebra en esa hora
del cántico final? ¿Quién va a decirnos
que de extramuros huecos son cobijo
del hurón acechante? ¿Quién bosteza
y maldición afana cual si fuera
el tuero asolador y la postrada
orfandad para siempre del que muere?

Solo en el campo del ejido siembra
pavesas y pozuelos por si un día,
la arcilla del alfar su silueta
dibuja en tierra amiga, y su esperanza
calma ya y restituya la mortaja.

4

225   VELACIÓN EN LA NOCHE

Queda la sala con la resonancia
de los relojes musicales.
Cubierto el edredón, luces arpegia
que allá el tumulto de los vivos queda
cuando aquí es silencio y un sahumerio
inmola así la estancia a tal meditación.

Cubren los paños tanto desarraigo
y un frutero con limas,
ramos de albaricoqueros
y el ficus trepador sobre sí mismo,
es lo que sólo vive
mientras duermes velada sin respiro,

y ausente, donde ya la gracia tuvo
otro rostro distinto andando en mocedades,
cual el retrato aquel, con gargantilla
de turquesas de Ceilán
y un pericón abierto sobre el halda.

Oh quebradizas alas,
sostenido
tanto río de pena.
Cuaresma eterna sobre las barandas
de la edad del terror, como un zureo
palomar; igual que un alfabeto
velado a quien oyere
las inicuas verdades de la muerte.

Más allá de las culpas,
contemplo así tu pelo que cenizas labraron
y peino con los dedos tanta sabia vejez
arrinconada en palios,
sobre esa arena que voraz sumerge
el talado muñón, la dentadura,
la infiel memoria de aventar el duelo
y el escándalo cruel de nuestras sombras.

5

226   ESCENA EN LOS ARRABALES

En la puerta colgaron lazos mondos
sujetados de yute en negro tinto.
Pasea la mujer el relicario
con ese diente atroz del áspid ciego
por las espaldas de las plañideras.
Revueltas da sin que el cansancio abreve
tanta espera sentada por la anea
hasta que alguien grite y así posesa
curve su vientre y desmayada vierta
el cuerpo de enlutado promontorio
por la baldosa roja de la sala.
Aullidos, que no rezos, se derraman
de la garganta que cantar no sabe.

¿Quién así oye si las profecías
se inventan para el vivo?
Jaculatorias en dorada estampa
cuelgan en el dosel.
                          Agua bendita,
cuando el agua por pura se bendice,
y el cirio de labrada abeja negra
vierte su finitud en cera ardida
ahora que en el hogar, tilos se incendian
y siempre queda sobre el basamento
la tizne de ceniza que al fin fuera.

6

227   EL OFICIO

Aquellas que otras abluciones hueras
del oficiante en la hora última,
¿qué decían de ti, mi mansedumbre?
El rito mendicante sobre el túmulo,
gesto procesionario, llanto de tal plañir,
cuando sé que a dos solas soledades
nos bastaba el silencio, la mortaja
en sábanas de hilo. Mas rostro dado al aire
como llevaste siempre, sin pañoleta de encajes
y solo la caoba que doraban los ángeles
de una escayola rubia, como esplendor mentido
devoran ya la palidez
de una carne que mía siempre tuve
en paseos del puerto, en sartenes morenas,
en los tostados panecillos
que cubrió la melaza de aquel agrio dulzor.

Huye donde las lindes nunca sepan
qué secreto refugio custodió nuestros juegos
prohibidos
(tales como el morder los membrillos más ácimos,
enterrar los rosarios de vidrio,
el papagayo de plata sobre las alamedas
y los evangelios apócrifos de tanta sed
como tuvo tu gloria, infiel trabajo.
Oh mi desmadejada quietud, mi apacible hogaza).

¿Por qué hablan los oficiantes?
De tanto sentimiento acompañado
queda sólo descampado sentir.

Abandono el cortejo, pues ya sé
que vas a reprocharme en la entretierra
tanta impostura.

Vamos, hacia la ruta del zaguán,
en donde la perdiz tanta quiebra sostuvo
por liberar sus alas
o quedar sosegada sobre el heno vertido.

7

228   CAMPO DEL VERTEDERO

Cerca del vertedero de los cuerpos,
allá en el cantil, donde las alas
en la tarde fascinan tanto vuelo,
tu campo queda.
                    Verdad es que los élitros
acongojan de miel las velaciones
de quienes yacen.
                    Te pregunto
qué reino ahora vives bajo el mantillo
donde las larvas agasajan
a quien hospedería halló para lo eterno.

Se nubla así la voz, pues quien respira
es sólo el que interroga y nunca hablara
la materia, si inerte, duerme en vela
su aguafiestas de bruces con el dólmen
que de rocío cubre el aposento,
el plexo siniestrado, y ya es mordaza
pues de muerte se cubre en su letargo.

Polvo es el rostro que mostrado queda
a la intemperie de mi voz.
                    Comprendo
que es un mudo callar lo que acontece
al arriate vivo, aquí a la vera,

alimentado por tus vejaciones
que entretierras sucumben.
                        Dejo así la vasija
con monedas que habrás para el viaje;
con alimentos de verdura, un manojo de espliego,
para ahuyentar la avispa ponzoñona.

   Oh dormida en mis brazos, cómo cuido
de ensemillar tu lecho para el sueño
ahora que siempre es vigilia triste
la roma huesa que te va quedando.

8

229   EL ESCARNIO FINAL DE AQUEL RESPIRO

                          «Tengo la creación entre mis garras.»

                                    TED HUGHES.

   Una comarca, donde tejen ríos
aluvión de detritus, nos queda ya de herencia.
Antes de que posase las pezuñas el toro
en los bancales que cisternas daban
esa savia venero a tanta fruta,
corrió la mocedad, se alzó la vida,
saltó el lebrel por los maizales raudo
olfateando caza desalada.
Hoy es cetrero todo pues pasó la sequía
de los años.
                Colgados epitafios
sobre desnudos lechos, recuerdan a quien tuvo
un yacer cotidiano.
                        Si vive quien despierta,
¿cómo posterga ahora tanto sol
la mano vacua que prender no puede
la esfinge muda del retrato ajado?

   Contemplo losa cruel que alberga el alma,
nunca la podredumbre ya enterrada;
sólo el cáliz voraz, la dulce muerte,
el escarnio final de aquel respiro.

9

230   LA LARGA AUSENCIA QUE ME HABRÁS
                    DEJADO

¿Cómo será quien magnifique el tránsito
que de mi vera va hacia lo eterno
en un rapto traidor y talado se queda
para siempre en ceniza junto a mi desconsuelo?

Paseamos los dos al conjuro del agua
hablando de estas tibias verdades encubiertas
mientras blasfema un pájaro en tanta algarabía
porque es bella la tarde, y conforta el dosel
que hemos llamado cielo.
                                    Qué ajeno tu fluir
a lo que meditado tanto inquieta,
pues es palpitación que ya se miente
para que no desmayes, si te nombro
lo que apena la vista si te miro.

¿Será, cuando te vayas, una estela de apóstol
que dejó su parábola florecida en el aire;
acaso el testamento de una huella fundida
que siempre portaré?
                            O acaso la amargura
de saber que tu cuerpo se me irá para siempre.

10

231   UN VACÍO CONTEMPLO

La ventana, que abierta, fija el aire
a un éxtasis que el vuelo no conturba,
mira el mundo.
                    ¿Qué ves en el cerrado
abismo que en celeste el cielo copia
y ya límites pone a la mirada
pues sólo se contempla lo vacío?

Cruza un candor volando, mas no es pájaro.
Alma será irredenta, que hostigada
su huesa busca por los arenales
y caña abierta sólo entre los céfiros
descubre y se acomoda en sus adentros
hallando así cobijo, pero en vano.

Tal paisaje lo observo.
                                      Pasa un río
que llamamos dorado, pero nadie
su pena en él ahogó como martirio.
Serán patinadores de la nieve
quienes trizan la vida en sus heladas,
pues frío sí que hace en este páramo.

Miro lo que acontece porque es lóbrego
viéndome regresar; como si nunca
partido hubiera de esta matriz seca
que es la tierra que piso y que contemplo.

11

232   RELIQUIAS

Estas reliquias son fruto de amante;
el júbilo de ayer es hoy pavesa
que el tacto puede urdir y ya vejarlas
a una tenue ceniza.
Si adorno fue de su clamor en vivo,
talismán en su carne, pura harina,
quede así quieto en la custodia.
Mírenla ojos que al plañir indagan.
Inventen aquel cuello y su alabastro.
Sueñen su aire, nunca lo respiren.

El cenotafio guarda sólo el sueño.
Si el vacío perdura, es la luz que se quema.
Aquí los utensilios mostrados sobre el raso
esplenden su fulgor: son las huellas amadas.
Tan sólo una garganta su cíngulo retuvo:
aquella que cantó su himno en las praderas.

12

233 VIVIDO ENTRE LAS HUELLAS

Era la atroz persecución del justo,
años de sagrada materia;
hasta perdióse ya el recuerdo.
                        ¿Cómo eran
aquellos cuerpos rubios de la infancia
que la niebla rescata,
los nidos del verano, el eucalipto y sus columpios?

Topé la geografía que yo amara
por ver si un rostro ajado en tal espejo
vuelve de nuevo al légamo las huellas.
Una profanación de herencia guarda:
miradores que fueron, cales tapian;
solana tempestad del arrebato
inmoló inscripciones, muérdagos enlazados.
Oh aquellos mimbres, nuestras lanzas raudas.

Ya nadie aparta el cortinaje espeso
por mirar lo vivido y humos fueron
prédicas del espanto a quien recuerde.
Violó la historia su esplendor
y en la espesura vagan, muerto el cáliz,
que el mosto en otra época vertiera.

13

234 RESURRECCIÓN

¿Dónde podrán ahora recoger el designio
que mostrada dejó tanta orfandad?
Culpable fue el hechizo.
O es lo irremediable
que igual que helada gota se filtra en las cavernas
para tallar así su estalactita.
Como aquello que vive y manso se desliza
sobre ese ajimez y le humedece

hasta esplender el hervidero glauco de la larva
que ciega, y ya irredenta,
conquista y se trasciende
dejando atrás la muerte al devorado.

Nunca la redención vino del aire
pues por inerte, dan los cuerpos vuelo
al que entretierras en mortaja porta
y llamamos alondra.
                              Es otra tierna vida,
como aquella
donde se porteaban los pellejos
del lagar.
              Fuese la juventud,
la poderosa,
quien sus fermentos baila y espabila
y es menoscabo del dolor por prieta.

Tumba el presagio que el designio insiste,
aparta el lienzo que a enjugar se presta,
sudor de nieve por la frente pálida
moja la pena de letales lluvias.
Mas fuese en la hora justa del concierto
cuando paróse tanta algarabía.

II

CUERPO

14

235   CONVERSACIONES CON HÖLDERLIN

(En las que el poeta aclara al autor los dos versos, ilegibles en el manuscrito, de su poema «A la madre tierra. Canto de los tres hermanos, Ottmar, Hom, Tello».)

Te elegí, entre los de tu habla,
a ti,
por africano de mesta bien estéril,
a descifrar la cábala que encierran
los versos que por vírgenes,
no fueron nunca hollados.
En el contexto hablo
de los cantos antiguos
y luego queda dicho
que *a pensamientos claros,
el alma preparé.*

Entre el canto y el alma,
mis exégetas sólo adivinaron;
mas fieles a la voz no pronunciada
quedó truncado el rezo de mi voz.

Lo que escrito y febril dejé en la página
que nunca nadie adivinar podía,
fuese el cuerpo.
Advierte: fuera el cuerpo
que vi ya en menoscabo.
Sentíme avaro de lo que es la vida,
y renuncié a cantarla;
por eso añado luego en el poema
que no interesan a diario
los atuendos de fiesta.

Mas cómo confesar la muerte propia
viéndome respirar en la opulencia
de mi palabra.
               Estaba en el secreto
del quehacer más hermoso, el que fustiga
la antigua tabla roma de los dioses
para que ellos te coronen lúcido;
es decir, inmortal,
hablando ahora contigo.

Hay una playa de abatida arena:
alzada carne en su esplendor;
ella camina y ama y se conduele
y ríe al fin y luego se posterga
la catedral portátil; bien hermosa
aunque tullida fuera,
pues tan sólo,
su movimiento es quien gira al mundo.

Oh cuerpo, mi sarmiento,
la piel quebrada por la zarza,
el grito
que es la gota de sangre si lo punza
la esquirla ya, traidora, que le quiebra
el aspotema sobre el vientre cuando
nace por él más vida y allí la suelta
entre bolsas de agua al fin nacido.

Advierte,
lo no dicho fuera el cuerpo.
Nadie conforma y en muerte se reclina
cuando fenece siempre aquél que canta
cada vez que le unge un cruel rocío.

15

236   POSTURA PARA ABONO DEL CUERPO

No es así la postura.
De este lado, crece la yerbabuena
y más allá, donde gotea la pócima
que del cántaro vierte soledades,
va un río de penumbra hasta tanta oquedad.
Luego una blonda en sábanas labrada
velará la inscripción.
                              Tape la carne
no mancillada; recoja el hueso aquel,
como de níspero,
y custodie su savia.
                              Entretierras se funda;
esperemos el día donde un pájaro
abreve en él la sed.
                              Pues ya rescata
una mano que porta la diadema
y así queda fundida por la yerba
dando a la tierra el agua que no tuvo.

16

237   MANO AFLORADA

¿Por qué, pequeña mano que del trébol
sólo dejaste enjuto estambre leve
cuando un manso calor como cinabrio
rojo puso tu pecho?
Despojaste el anillo hacia la uña
y huérfana quedó tanta alianza
pues nadie a nuevas nupcias portaría
el blondo cabezal que al lado yace.

Queda una huella paralela al cuerpo
en el lecho ya exánime
del amante que hubo más amado
y por siempre.
                              Invicto ahora resurge
de los bancales que le acunan lejos

en un perdido planisferio ausente;
su casaca incorrupta allí se cuelga
donde a posarse fueron tus dedos cada noche
por así rescatar ese latido.

Quién vencedor será de la agonía
de la ley que te nimba su corona de sombras.
Quién ha puesto una oblea para cerrar el párpado
y perfuma la carne que extingue así su pira
si es adversario y corvo el desafío
que de los patios suben, y se ahogan
aquí a la vera cierta donde ya palidece
esa mano abatida que custodian violetas.

17

238   DE LA MANO QUE PUDO

Manos acerca el baile, y las rechaza
para acogerlas luego al remolino.
Aprieta el talle; espaldas acaricia,
palpa el rostro hurgando en la melena
por descubrirlo ya y besar la frente
hasta los labios de oquedad olorosa
por donde el beso bebe sus rocíos,
mientras fundido queda el cuerpo amante
por la caricia que la mano cumple.

Fuera la noche, que en el goce miente
lo que el pacto selló.
Fuese la furia
del guante que por mano se tenía
por no dejar su aceite violado
entre muñones de engarrada ira,
para abatir al gamo entre las plácidas
verduras de los parques.
                              Y huyó a la soledad
de la denuncia.

Hurtó más tarde aquel temblor de dedos
y apretó largamente una garganta.

Pudo abrir una puerta a los mastines
que denunciaban el terror.
                                    Apretóse al timón,
alzó la nave,
al paroxismo blanco de las nubes
y en el vacío de los cielos puso
la bomba sobre el mapa.

Y meditó el instante.

18

239   DE LA BOCA QUE MUDA

La boca, que por pura, nunca hablara
de maldición, mengua su acento.
Sumida en rictus, comisura abate
hacia la delgadez de piel ajada
por el veneno de la muerte.
Si el labio rosa fue, ya es violáceo
el color aprendido en el misterio;
que por enjuto, el silbo entrar no puede
a la garganta aquella que cantó
los salmos.
                    Un espejo le acerca quien le amara
por ver si aliento queda y así le enturbia
el limpio azogue, pues manchar sería
ahora la vida. Cuando en almidones
su blancura dejó y paños tersos
cubriéronse de ungüentos
por bendecir tal boca bien pintada.

No habla quien reposa,
y no es sólo
la carne quien ya canta.
Si la palabra ha muerto,
la tierra dormirá.
Que nunca hubo
más alfabeto amado que la risa.

19

240   CIEGO SOLO

Miro hasta donde llega la mirada
y en ojos queda como herencia hermosa
lo que nunca vedado fuera entonces.
Cuán tácita se queda así la gloria
que es el portento de mirar. Y luego
si la noche se comba, queda siempre
la silueta que el recuerdo viste
y agrada de esplendor y le conforma
pues luz fue antes que la sombra hubiese.

Cómo tu devenir de ciego solo
viaja y se acomoda con el báculo
y en laberinto sin traspiés caminas
al seno acogedor del goce.
                                        Espera
que te acomode con mi mano.
Siéntate aquí, junto a los arriates
donde al menos oler puedes fragancias
que al venero patricio te han llevado.
Oh las pupilas vacuas de su agua.

Dime cómo se muere en tal belleza
vivido en cripta sempiterna y dura
si el lagrimal ya es lava, ya es recinto,
pues quedáronse muertos los colores
y así inventas el mundo que no has visto.

20

241   MIRÁNDOSE A LOS OJOS

El óvalo del rostro, recogido
entre palmas de manos tan amantes,
hondo contempla los ojos cercanos
que le beben de amor sus aguas negras.
Nunca más cercanía fue lejana
pues abismo es la poza donde queda
flotando siempre así la vida en ellos;

ojos astrales del hachón ardido
llama que salta, si discurre el hálito.

Posterga la visión al que mirase
otra frente albeada que no ésta;
deje ceguera si codicia el lóbulo
o los labios que exhalan; quede inerte
esa mano que repta por la espalda
y la nuca acaricia.
                              Mirándose ya van
a esta obediencia. Pues sí viven.
Pues sí el clamor mirándose conjugan.
Oh el goce de ver lo deseado;
que nadie se contempla en lo que muere.

21

242

SMETANA

La crianza no tuvo más quehacer
que el acompañamiento de los trinos.
Acordes de celesta suenan dulces
tan sólo en su pensar.
                              Enmienda páginas
de música no escrita.
Sigue el ritmo del pájaro
por si arpegiado tal volar, sonara.
Mas nunca el son.
Mas nunca suena el mundo
al final.

¿Quién así canta?
Lo que por mudo existe.

Bastonea el arbusto y hojas caen.
La ira del que crea,
siempre resuelve el caos en melodía.
Mas no la oye,
y el caos cubrirá su glaciar yerto
con la roja bebida y el salterio,
con el silencio atroz de sordo ausente
ya que al fin sólo escucha quien es bárbaro.

22

243   POSTURA FINAL

   Ocioso y ya indulgente, el cuerpo expande
su gloria.
El bronce estatuario
de su altivez;
oh carne en vilo,
poseedora.

   Allí está; contemplad sobre el risco
cuanto mira.
Luego genuflexa
los miembros y se sienta.
¿Qué medita su frente?
Acaso nada; es sólo
que se ajusta al descanso.
Huelga el cruel pensamiento,
que es flácido el sentir
y un deseo le acuna
para tumbarse al sol.

   Así poseso en el vaivén del agua,
cierra párpados.
Ya declina el cansancio y al fin duerme.
Pasan albatros sobre testa hirsuta,
oleajes dormidos se le adentran
por los recodos de ese territorio
de su carne postrada.

   Postura final es
ensayada por siempre,
de la materia en su descanso eterno.

III

CAPTURA

244   PÁJARO SILENTE

El pájaro silente,
el que a oscuras evade los murciélagos
y en la postrimería del sol poniente canta
tanta salutación a la negrura.

¿Qué canta ese pájaro de la noche
cuando el murciélago se evade en la oscuridad
y el sol resurge en otro planisferio
para alumbrar su luz sobre lo oscuro?

245   GUSANOS DE SEDA

Vientos secos existen;
portan la furia de otros días
como reencarnaciones de crisálidas
que contemplamos para ver qué insecto
brotará de esa muerte, allí en el cóncavo
capullo de pelusa
para que así nacido ya camine
a la hoja de morera y la devore.

El gusano de seda fue quien tuvo
sombrío su quehacer; pues mortal vida
es de quien teje su cordel en torno
y así mortaja va perpetuando
mientras camina torpe por el árbol

25

246   EPITAFIOS GUERREROS

¿Acaso fuera gloria mejor esta que aquella
del instante mortal, cuando el plexo
hendido por tu empuje pudo
batir la cruel lisonja del invicto?
Pero ya alzado el desafío, ¿rompes
cotas de alma y malvas florecidas
y ahí paróse la vida?
                              ¿Quién jinete
espuelas espolea huyendo raudo
al confín de los campos de conquista?

Hasta que en el acecho,
el zafio que reptante se apostaba,
pudo más.

Nunca la muerte viene hacia la cara
como un sol que en el alba se interrumpe
y reparte su luz a valle abierto.
Espera que la trampa el musgo cubra
para así sepultar la gloria presta.
Ya en hoyo por ballestas traspasado.

26

247   MUERTE DE AQUILES

Puede sernos igual que otra historia sagrada:
la muerte es una historia particular.
Nunca jamás cantó,
quien delatase al fuego
sus purificaciones,
cuando Peleo engendra
la cólera de Aquiles.

No un hombre: una vorágine;
un vivir a la muerte y un carcaj predispuesto
el venablo mortal que hundido quiebra
el costillar del héroe sagrado.

27

248   SIESTA Y SUEÑOS DE PARIS

Velado el cornijal, tape mi rostro
para ahuyentar la maldición del bárbaro.
Fuéralo por no usar mujer tan fiel
que denunciase a Menelao mi oferta
de amarla entre los bueyes,
y en el rapto,
incendiar sus establos.
                              Estrangulan
mi garganta las gentes.
Arrebato
yo ahora, pues a muerte convoco por amar.
Tan sólo eso,
por amor a la infiel aunque hospicio me diera.
No es gratitud, oh amor, sino ceguera
cuando por su desnudo escribí el compromiso,
que muerte así prefiero que gratitud al patricio.

28

249   QUIEN DE OTRO MUNDO LLEGA

Era una majestad de dióscuro,
gravitados del orbe en su nave extranjera
mirando nuestra faz de carne blanda
mientras él esplendía una rubia aureola
de poder.
                Posó sus alas invisibles
en las coníferas; recogió aquel vaho
de tierra para el parto y habló en su alfabeto
que era meditación.
                              Los apátridas
escondieron sus hembras y punzaron
las bayonetas sobre el porche.

Hablaba en su alfabeto,
que era meditación.
                              Ellos trenzaron dardos
asegurando hacienda tan ruin.
Esparce la mirada y bien le basta,
pues es bondad.
                              Hace un signo en el árbol
y sus frutos da presto.
Atónitos contemplan lo que yermo en zarzal
se debatía
y alumbra pulpa hermosa.

   Deja así testimonio
que es vida sólo,
pues aquello
que encontró en este mar le fue vedado,
ya que la muerte habitó en las gentes.

29

250   FALLIDA CAPTURA

   Es épica la aurora
que al pleamar suicida con sus dardos
pues vida existe en derredor.
Desierto
quedóse el mar en postración tardía
arrebatado sólo por el tajo
que la luz amortaja.
                              Hervir.
Fúndase toda
criatura que yace en su herbolario
profundo.
                      Nada al arrecife
el humano, que ahogándose en la espuma,
huye de los abismos y contempla
tumbado ya sobre el coral, la savia
que tal sol en su dádiva reparte
ahuyentando al escualo que blasfema
la fallida captura.

Qué lisonja recibes, dios de tal soledad,
pues es la luz quien vence y el argonauta
eleva el sacrificio ya salvado.
Que es noche todo acontecer, y queda
vivo tan sólo quien la luz contempla

30

251   COMPROMISOS DE FIESTA

Soñé otra fiesta; no esta orgía,
guerra para el sentido;
el acto perdurable en el conocimiento;
la extática luz y no la tralla
que golpea.

Pensé en el compromiso, por vivido,
que luego se perdura. Mas fenece
todo el afán que en la reyerta puso
quien a solas contempla
otro deseo que del mundo entiende,
no al retiro del cuerpo, no a tu nada.

Quien la pértiga alza y ya vadea
la vejación del agua, así se oprime
su sentir que por vivo menosprecia.
Mas cae de nuevo, aunque otra orilla fuere
quien su salto recoja,
al mudo lecho que la yerba expande
dando acomodo igual al inconforme.

31

252   ÚLTIMA VISIÓN DE CASIOPEA

Ocurrió que era lóbrego el malecón
y el viscoso silencio de medusa
flotando inerte con su enorme baba
golpeando el pretil.
                    Allí la mancha combustible,
las brozas que horadaron tantos peces espadas,
el abismo que surge de la mar

cuando ejerce la noche su demente cerebro
depositando sus huevos de gelatina,
el dedo con anillo de un naufragio.

Nadie con fe ejerce el pastoreo
de ensemillar las olas con sabor a petróleo
y trocear un pan para pasto de peces
cuando brama el terror con sus trompetas
de huesos huecos de ballenato,
llamando como a juicio.
                                   Círculos en el fuego
como un látigo envuelve.
                                   Casiopea es de flores,
(mira a lo alto).

Contempla así sus piernas infinitas
y aposenta en sus ingles madréporas reptantes.
Ocurrió que era lóbrego el malecón
de la ansiedad.
Nublos de la agonía y un vagar entre cíclopes.

Fueron estos los últimos pensamientos
que tuvo el ahogado.

32
BÓVEDAS

253

Sobre el témpano donde no florece
nada que no sea gélido recinto,
gruta de los vacíos, alzada queda
errante momia en la caverna
velando el lucernario y sus aceites
bajo bóvedas mondas, que el murciélago
aletea en el frío del espasmo
buscando el claraluz, y la hendidura
que un aire puro traiga hacia la cripta.

Losa con inscripciones tatuadas,
símbolos extranjeros por el pórtico,
bienvenidas otorgan.
                              Que pase el viandante
al cuévano remoto y allí se postre

con ávido candil, al pergamino
que señales promete.
                    Todo encierro
si es pirámide hueca. guarda pura
la inmóvil majestad de quien pervive
en sagrada postura al sol mirando.

33

254   LA AMISTAD, SI FENECE

Quien duda, también muere,
Amigo en otras tardes de pasear silencios
portando cada uno su custodia fulgente,
vencedores del zafio ademán,
de la ruina blanda
que es podredumbre en otros.

Veo mi mortandad
mientras contemplo,
la gloria
de quien esclavo liberó el presidio
coronada su testa en el estadio.
Laurel levanta y clámides posterga
al histrión que valor le retuviera
los golpes de tridente tan macizo,
empozoñando tanto albero cárdeno.

Busca si ya vencido, el hormiguero
que bajo el pecho de tus ronquedades
pasa y portea su diario exilio;
vida letal, mas siempre necesaria.

Quien ignorancias laborea, vive,
y es quien ya nunca de la muerte duda.

34

255   PÁLIDA ARMONÍA

Hay soles que anochecen tanta alba
pues de agonía el hombre se libera.
Campo vedado fue el valle de oro
para quien vivo el pasear inquieta

y así apresura el devenir, la gracia
que unge su frente en bálsamos y hurta
más vida a quien contempla y más al polen
la pálida armonía de la rosa.

Tumbado de esplendor levanta el vuelo,
alma y sosiego, muerte bien amada
y yace así en el aire; un mal rocío
que desciende y le hiela la pupila
al pétalo velado, pero es savia
que nutre tales venas de la escarcha
y ese frío mortal húmedo impone.

y 35

256   REENCARNACIÓN EN LA PALABRA

La poesía es lo que no se descubre;
parecida a la muerte, pero en vivo.
Ella surge del fondo de un negro tabernáculo
que es la meditación.
                                    Lleva túnica tosca
en la idea primera, mas se viste
si así arropa tal carne en la palabra cálida
que el sueño teje y fía a tanta desnudez.
Das la vida en aliento, pues calor sólo impone
quien lo real inventa
ya que lo que transcurre, fue creado por otros.

Es igual que ese cuerpo que tendido fenece,
lerdo en las profecías que redimen su aura
y es soez fingimiento ya que tan sólo existe
aquello que libera tanta muerte diaria.

8

LAS FLORES DE PARACELSO
(1979)

A
Aureolus Phillipus Theophastrus
Paracelsus Bombastus,
y a su Botánica oculta.

Chaque fleur est une âme à la Natura éclose.
....
Souvent dans l'être obscur habite un Dieu caché.
Et, comme un oeil naissant convert par ses paupreres,
Un pur esprit s'acroît sous l'écorce des pierres.

GERARD DE NERVAL.

¿Quién te enseñó el perfil de la azucena?

PEDRO ESPINOSA.

257　　　　　　# JARDÍN

Sobre la tierra yérguese.
Es el jardín.
Tan sólo vive lo que aroma.
No el tallo o cuerpo,
y sí el olor del alma
es lo que asciende.

Ese rocío de la escarcha
es gracia, fe no menguada;
bebida ya la sed
del hediondo estiércol que germina.

Raíces tuvo, mas secretas fueron
por arcanas, fluyendo bajo tierra.
¿Quién las recordará?

Quedó el ungüento del candor,
gota en el cáliz;
　　　　　　　　flores
que si quemadas, nunca
nos dejaron ceniza:
sí la consumación de la fragancia.

Cuando llegado el trance,
quebrada la vasija
el agua clara ya vertida en bruces
por tierra roja abreve,
tú me reencarnarás.
Jardín del ansia.

2

258   ACACIA

El jugo de la flor,
sobre las tintas
de la capitular,
su infolio escribe.
De tal madera fuese
el crucifijo

donde las piernas quiebran.
Oh delgadez
del mártir.
                    Quién se clava
a tal calvario cruel.

Y en la scriptoría
el mutado latín, cuaderna vida,
por la acacia vertida da y enseña
las sacras escrituras.

El pergamino es piel
                              de sacrificio.

3

259   ARTEMISA

La artemisa colgada,
volverá al árbol fértil.
Si en medio de tal páramo se alza
corteza hermosa un día,
mas hoy vejada por el rayo,
prendedle la artemisa entre sus brotes.

Un ramo de cerezas que la sombra custodie,
pócima ponga y néctar a los pájaros.
En esa algarabía del silencio,
donde la araña cuelga sus telares,
la artemisa fecunda.

Vientre tuyo, doncella de preñez,
alumbre seas.
Si así, ya paseante de mi mano,
un pectoral te viste
de artemisas.

4

260   CAMELIA DE SALÓN

Las lámparas votivas,
cuyo aceite
el abad ignorado elaboró
de las camelias,
alumbran el salón.

Llamad a los espíritus.
Razías
ciego vuela en el Arno;
tropieza en las columnas
de la plegaria.
                          Bondadosa
oración.
          Enjugado el espasmo,
con la blonda sutil de tales pétalos,
los ángeles descienden.

Nunca el hechizo
se rompe en las fragancias.
Tan sólo en esa mano del ácrata furtivo
que el encanto deshace con su pira.

5

261   CAÑA

Lo que fermenta en el martillo,
es lo corrupto.
Mas espere la hoja,
que el fuego avive la entretierra
y disponga.

La savia de la encina
ascenderá su trópico
luego que de esa muerte luz se eleve
y ya vertida por las torrenteras,
frutos alumbre,

Un sol mojado en la verdura,
hierve;
acomoda el nidal.

Pastor que abajo cantas,
cuánto ignoras.
                    Mas sabio es
pues sabe cómo hacer pasar la leche
de las nodrizas,
hirviendo las raíces de la caña.

6

262   CILANTRO

El azafrán, que es sangre apenas
en la tintura de las túnicas,
es ornato al manteo de la toga.
Pasa el perfume que entre Venus huelen
esos filtros de amor.
Se brinda doncellez en las alcobas
si amuletos de cilantros cuelgan
en cornucopias,
                    lámparas,
                              joyeles;
en esa porcelana del lavabo
que la blancura exalta.

Ya es el lavatorio.
                    Desmadejado el cuerpo
amó.
Que si el sahumerio esponja tales carnes,
allí el hechizo colmará sus goces
y nunca desamor anduvo en ellos.

7

263   CENTAURA

   Tú, pequeña abubilla hembra
ruin del odio;
con la torva mirada
sobre esos ojos que por verdes
la inocencia contemplan.
Has dejado una gota de sangre
vertida en el aceite de la lámpara
para que así el hechizo cumpla
el mandato más cruel:
verlo poseso.
                 A aquél que paseante,
contempla el glauco azogue
cual la vida feliz.
                         Mas no le dejas,
pues envidias su vuelo.
                             Sangrándote
así vas con la centaura,
a tronar el paisaje y hundir sus éxtasis.

8

264   ENEBRO

   Luciente el áspid era
que entre breñas huyó,
tan sólo cuando el pardo anciano,
alzó la rama
del *juníperus.*

   La Santa Trinidad
es quien fustiga
la serpiente maléfica;
de la mano enebrada
de ermitaño.

   Puede su aroma que en incienso lía,
ahuyentarle al poseso el maleficio;

dejar la pajarera en alas aladinas
columpiándose al aire,
Y sobre todo destilar,
oh mi amor, la copa de ginebra;
que cuando cae la tarde,
subo a mis labios.

9

265   HELECHO

No es por yacer
lo que en el lecho yace
del helecho,
sino su luz
              humilde.

En choza alguna,
cuando apóstol desciende,
colocan sus manteles
por la hierba tullida.

Un círculo alberga
la bondad;
nunca el hechizo
en la plaza redonda del conjuro,
hizo a Luzbel danzar en la quimera.

Que ángeles custodios
dejaron así el ala del murciélago;
ese negro batir,
ya en tierra apresurado
para que hurgando la simiente,
fiesta le sea.

Hay quien termina en ángeles su rezo:
hermosa letanía.

10

266   HELIOTROPO

      Amara, la sonámbula
que amara
al dios aquél erguido,
¿qué nos dice?

      Un tallo de heliotropo
alza en la diestra.
Sueños descifra en el letargo Amara,
Mi oído entre sus labios,
oye secretos
de quien más sabe.

      Aquella Amara que girando vaga
por no ser nunca noche
del sol paterno que rociando el polen,
úngenos la cabeza con sus dardos.

11

267   INCIENSO

      El sol matraz,
matriz de cuanto ordena,
te orea,
Incienso niño por amor de Apolo,
arbolé enmenudado,
brizca de la liturgia se oriflama;
voluta en ascensión.
Así es el hálito.

      No hechices al conjuro
talles núbiles.
                No llamad
a quien muerto es errabundo
sobre los ventanales.
                Quede tan sólo así,
volando el órgano.

Voces por blancas ya invioladas
en la polifonía.
                    El almizcle feliz,
el ámbar áureo,
perfume de quien vivo así se inmola.

12

268   LAUREL

   Como el laurel
que invicto condecora
a quien erguido paseó su estirpe,
los hechizos le mudan para el odio.

   En la cazuela donde olivas vierten
su aceite, allí el laurel en cruz
reposa.
              Propicio al trance,
viértese
para la imprecación.
Letanía blasfema de tal mártir
que ha de caer redondo sobre un piélago
sin saberlo jamás.

   Paracelso enmudece.

   Por esta tarde afable de los pájaros
así lo narra,
a los que reencarnaron
en estos años del laurel.

13

269   LIRIO

      La Señora es quien lleva
   el emblema.
                    Párese el fuego
   por el agua remansa.

Del suelo es el exvoto:
los amantes concilia.
Oh el aire en castidad,
volando en lirios.

No abejas enceradas
celdas blanquean.
Mas fueron necesarias.
(Candores vagan).

La estancia fuera templo
de la fragancia.
Polen de la agonía.
Surge feliz del parto
quien ya naciera.

14

270   MANDRÁGORA

Con el orín del ahorcado,
rociemos la mandrágora.
¡Oh talismán!
Los dioses lares abundáronme.
Creció en el pastizal cuanto el deseo
soñó.
Haciendas bien granadas,
tuve opulentas.
Jabora del hechizo,
qué poder.
            Por algo su raíz
es como el hombre.

Si la hoz la mutila,
si la hoz,
se verterá cellisca,
fuego en dardos.
Y el negro perro que quebró aquel tallo,
hecho pavesa, envés, quedóse yerto.

Encuentro de los dos melillenses: Miguel Fernández y Fernando Arrabal.
En el centro, la esposa del poeta (1979)

15

271 ## MANZANO

En el manzano dulce,
cómo errar,
                    si es la savia.

Paracelso las muerde
y dona su sabor.
                    Ungido seas,
pues no agritud del árbol
derrama el polen
adverso.

Es Venus quien tal fruto
en pubis muestra.
                    Y Ceres
ya sin tregua,
hiende su poma
en los injertos de los pechos mozos.

16

272 ## MELISA

El toronjil,
toronja torneada;
tal vez Melisa,
yace redonda.

Úsenla las sibilas en los templos.
Delfos despierta la conciencia muda;
dulce brebaje es.

La creación es don
del sacerdote.
                    Si tal oficio cumple,
beberá la melisa.

Y bajarán los dioses
condecorando frente enfebrecida.

17

273   MIRTO

Como un alcohol que lento descendiera
de esa contrita mente antes ebria
y reposada ahora en velación;
así el mirto, aromándose,
la estancia ya embalsama
y el cuerpo para el goce
desnudos cubre.

Qué llama se embelesa
en ese fuego.
                              Ouién arderá.

Zarza quemante.
Carne la que ansías;
así tendida, espera.

18

274   MUÉRDAGO

Anduvo en el sosiego,
pues la mar contemplaba
y sus confines.
Qué solo meditando
en el cantil.
                    Brumas le invaden,
oleajes, áncoras.
Pasa la vida por su frente,
moja esponjas en ella
y advierte cómo vagan por el fondo,
peces cegados, los recuerdos.

Así el muérdago.
                              Seco
por ser tierra yacente.
                              Frío
pues a cubrirle van.
Quién sacrifica;
                    quién,
su permanencia.

Tan sólo el que a la vera
da sus panes
y todo desciende cual granizo
amedrentando tanta carne dócil.
Espíritu serás
si palio elevas.
              Salta ya,
que el júbilo te viene y condecora
la meditada orilla de la muerte.

19

275   NARCISO

Cómo la amistad vence
la negritud del odio.
Por ello, dóranos,
fría flor, de tu cáliz
rociado.
Llegarán con las vírgenes
las yeguadas,
              los tronos píos,
la fiesta.
              Mirándose contemplan
en una flor, el mundo.

Así Narciso en la narcisa linfa
su puño hunde:
la belleza es fugaz,
arcana,
       honda.
Y una vez ya mirada,
ciegos van los sentidos.

20

276   OLIVO

El reto que maldijo del tirano
el cruel fusilamiento,
en la pólvora queda.
El mártir muerde el olivar.

¿Le véis?
En la alba camisa
la roja flor de sangre se enarbola
y cuaja allí el venero.

    Quedó como si nunca verdeciera
para nadie.
                Mas no.
Llegó rama sabiéndose de savia
y le cubrió los ojos;
adentrósele el pétalo en la boca
y brotó por la oreja el tallo virgen.
Que anciano el tronco,
un día fuera cueva
de la oruga;
hasta que sobre el muerto nació al fin
la oliva.

    El ramo portan,
qué pavor.
El hijo invicto nace de su aceite
pues siempre la paz fuera cruel fermento
del ramo aquel de olivo,
que el héroe mordiera.

21

277   ORTIGUERAS

    El viento ya no pasa, pues no hay viento
que despeina la frente aquí, en la ortiguera.
Un céfiro menea tallos núbiles
ya que la calma monda es como extática
mano abatida en un regazo y muda.

    Cuanto pudo extender sus ojos, fuése;
lo que miró en la ancha tarde cárdena
fuera polvo flotando; fuera nada.
¿Quién entonces aprehende, doma o corre
sobre el suelo tullido de otras yerbas
si fue la vida vejación?
                    Tablas lunares son.

Y era esto lo antiguo que soñara
allá en el cantil, cuando por vivo,
paseaba su cuerpo junto al agua
de negra densidad, mas siempre viva.

22

278   ROMERO

¿Por qué, ciervo que ahuyentas
la vida y ya al morir te tumbas
sobre el barro lechal
y el lodo arañas,
lloras?

Si postergado ves la extinta selva
que fuera aquella patria de tu trote
cuando joven testuz
hendióse al aire,
por voltear los rayos de la aurora.

¿Por qué salobre el lagrimal que viertes
es sabor de romero?
¿Acaso el llanto aromas?
¿Cómo tenaz el orden de la muerte
será gozo, si así tendido lates?

Toco tu corazón que no latiera
y asciende por mi mano la última fragancia.

23

279   ROSA

Tauro amigo,
bajo cuya égira,
alumbré el hálito primero.
Aquel lar fuera casa
de azulejos rosados.

Rosa pues, signo mío;
pasa distante.

Sé que tu viento viene a bendecirnos
pues luz me otorgas.
Ufano desenvuélvese ese pétalo
de rosa sosegada,
mas sin tregua.

Un cuenco es Aranjuez,
oculta espina.
Aire embriagado
y germinal la brisa.

Pasa el galgo veloz
y husmea tus dones:
siéntese humano.
Y al fin tu nombre cumple
su destino de aroma:
Ser rosa.

24

280   SERPENTARIA

En los zocos de Arruit,
la serpentaria es flor de la fascinación.
El encantador de serpientes, silba;
vierte así sus raíces
en la cesta de mimbre.
El áspid sube en lentitud.
Dormido
eleva su veneno al son del cáramo,
mas nunca ya mortal: sólo espectáculo.

Ahí en traición se yergue.
Qué humor, si en cascabel,
arpegia trinos
que a pájaros emboba.

Palpad su lenta malla y la coraza.
Mira el reptil extático
marfiles ya, garganta de la dama.

Mírala y la codicia.
Ésta muda en pavor.
Adoro así más tarde el cuello amado
que huyó del erial.

Sólo se quiebran ya cuellos de cisne.

25

281 HOJA DE EUCALIPTO

Sé las desesperanzas que encerraba
el breviario de rezos,
con esa hoja seca de eucalipto
en la jaculatoria.
Qué tiempo en su mordaza.
La obscena mente de aquella niñez
prohibiéndote vivir.
Sólo escombros,
               alcanfores
aventando hongos húmedos,
florecidos en torno a los vestidos.
Una larga oración,
dueña del caos,
reina en el aposento.

Sólo la vaharada del tomillo,
perfuma.
La tierra fuera ancha desde siempre
pese a la oscura soledad del ámbito
que el cortinaje cubre, siendo día.
Y no la noche que vivimos ciegos.

26

282 INFLUJOS DE LA MENTA

Correr hacia el camino solitario.
Aderezar el tronco. Vadear los fangales.
Beber de aquellos odres. Sepultar la paloma,
la malherida ala ya indecisa.

Mirar lo recorrido si equipaje se porta.
Dejarlo aquí en la linde. Huirse luego
de aquella propia sombra. Volver hacia el origen
de las algarabías.
                              Reclinada la frente
ante la altiva menta que emponzoña los labios.
Hurgar en el zaguán tesoros entre arañas
Dejarlo todo allí, en abandono
y hacia el aire postrarse, pira de sedición.

Para que así se avente y nada quede.
Tan sólo el flujo que el olvido guarda
del talismán del vivo con sus flores.
O la vida en sus pórticos.

27

283   SEMILLA YACENTE

        Aciagos en la cripta
    del mantillo de tierra;
    acostados al borde, la simiente
    bajo el oído nuestro, yace enjuta
    derramando el venero.
                              Así el polen absorbe,
    dulcifica el sentir.
    Orea la yerba
    en torno al acostado, al muerto apenas
    ya comulgante en asperón ardido.
    Escucha y ve al crepitar del cieno,
    cómo el fruto se eleva.
    Evade el pájaro,
    picoteante en la salud del tronco;
    le colma su destino, pues invade
    con su yantar de larvas, aquel vuelo
    que solo en soledad el árbol crece
    sin ya otro mandato que la orgía
    de ser crianza en tierra.

        Qué belleza el perfume;
    inasible es la gracia si perdura.

Flotante queda
su cestillo de dones.
Nunca la palidez,
sólo el llovido sol y el aguacero
de la resurrección perpetuándose.

28

284   POLEN

Esperas de las vísperas.
Negros ya los despojos que existieron
de un cuerpo alado un día;
carne grácil.
                    Quién vestida de olor
a tierra bien mojada, pasa.
Quién deja el halo húmedo de su procreación
vertido como pócima.
Quién halaga.

Fundiérase en su adentro
semen de un dios; acaso lluvia tórrida
de oro, cuando postrada en soledad
sus muslos abre.
No al varón, pues no existe
goce y bullir.

¿Cantó, llamó a su tálamo?

Fuese desdén o afrenta, fuese nada.
Pues si nacido irguióse y buscó en vano,
se llamará Perseo.

29

285   BOTÁNICA OCULTA

Ángeles míos,
rociadores de la oculta botánica
si Paracelso duerme.

Aparead los rizos
de aquel hirsuto tallo de la ciénaga
del hombre,
en tal rubio blondal.
La melena derrama
su incienso sobre el lecho,
cuando el laurel corona
tan sólo al antihéroe la frente.
Que la rosa sea estela
de la cruel perdición.
Y que guarde la tierra sus muertas mariposas
para que allí se pose tanta lágrima
en la recordación
                    de la quimera.

y 30

286   PALINGENESIA

Esa flor ya quemada del incendio
que el pabilo acercó en su tizne muerta,
recojo de las brozas.

Aquí lo que ya fuese terso pétalo,
pura diadema un día,
¿cómo quedó?
Sólo ceniza oliente
para cubrir la herida.
Flor santiguada es sobre la frente
del agónico;
talismán y mandrágora,
pulpa y pavesa.
Mas perfume en el aire
que el fuego calcinó.

Llevadle su mortaja a ese universo
húmedo donde el sol acuna el polen,
al venero del llanto de la tierra
y dejarla que duerma.
Nunca lleve su grano el abejorro
pues es cúmulo cauto su yacer.

Un paño virgen su simiente esconda
y solo el alvéolo de su cuerpo
lo palpe al tierno aire de los vuelos.

Regad luego a las vísperas con lágrimas
su campo débil.
                  Aventad briznas rojas;
que infantillos de coro canten sus letanías
y alzad el corporal.

La rosa resurrecta os glorifica.

Nacida queda de la muerte pura.

9

DEL JAZZ Y OTROS ASEDIOS
(FEBRERO, 1978)

«¿No tendrá ese hombre conciencia de su oficio,
pues canta mientras abre una fosa...?»

Hamlet. W. SHAKESPEARE.

(Vognporten Jazz.)

Una vieja cochera, en Magstr 14,
cerca de donde el mar corona sus sirenas,
es el recinto.

He cogido tu mano ensortijada
apretando sus nácares cuando el *jazz* más se eleva,
porque el fulgor no es nunca un enloquecimiento
si tabernario el templo canta en sus mocedades
y allí asedia.

La trompeta granándose el pecho enmedallado
llanto es, no promesa
de redención.
Que así ordena el concierto
la orgía del estruendo de quien vivo, se exalta.

Han pasado una historia
de ácidas cervezas, espumadas
en los labios mordientes
de la revolución.

Tumbó el de rubio acorde en otro día
barricadas de adobe;
ellos, los huidos de estocadas
con el blasfemo frenesí del golpe.

Mayo del 68.

Estos ahora son sobre la escena
del *Vognporten Jazz.*
¿Vino la redención de sus conquistas?

El ocio arpegio es,
blúes amargos.
La ira detenida.

Quién a bailar se atreve ante los dioses
que fueron crimen y ahora melodía.

288   2

Impávido el trompeta alarga el trino
hasta donde no pueda más la sangre;
pues hay que tronar.
Llamada es arrebato;
luces de cirio alumbran hosco el ámbito.
Vocerío del ácrata
golpeando la mesa.

Impávido el guitarra,
muestra dedos sangrantes
en su arpegio.

¿Dónde y por qué la ira?

Cantan una canción que no entendí,
mas medito.

La pálida muchacha de preñez,
rompe bolsas de agua en el estrado;
allí desmaya el vientre.
Y su hirsuta melena se derrama
en violeta palidez; ojeras:
gestación mutilada.
                              Canción de gesta es
pues al poder apremian.

¿Fueron turbión que en ira se modela;
cantos rodados si cantando pasan
rodándose por ciénagas?

No sé que torso al lado beso y yazgo.
Nunca su nombre dijo.
Volvió luego a la orilla el rostro helado
y maldijo al poder.

Bate el tambor su *jazz* misericorde.

289   3

Tu cuerpo en la escena,
desnudándose
lento al compás,
aparta así los velos.

Humos envuelven tal estatua móvil.
Velárase el pudor,
como esa luz de tarde por las barcas
varadas.

¿Quién la belleza oculta?

Silbidos en la sala te desnudan.
Ajados pétalos, loto al sol se entrega;
Vestal que entorna párpados
y ocúltase a los ojos que la miran.

Poma redonda que se vierte en todos;
pues desnudez es don,
nunca vergüenza.

290   4

                                        (Party borracha.)

Sobre el ombligo un cisne se humedece.
Es de coral el pico, mas de rubí la talla.
En el centro del mundo, carne que así se ondula.
Y apriétala una mano o un beso la despierta.

Cae la túnica ajada y ya es emblema el pórtico
que se anuncia tan pronto Venus sube a su monte.

Mejor baño no hubiera que aquel que del rocío
hiela el recinto cálido que reclama sus goces,
si esponjado ese cuerpo, tumba su laxitud.

Erguida queda.
        Tarde ya.
                Sola en prisión.
Pues sí percibe
que violada fuera sobre la yerba húmeda.

291   5

    Aleve y ya en rumor de labios
indulgentes; mostrándose
la abierta boca,
hunde su poma carmesí
al otro labio que le enfrenta lucha:
sólo amor es poder.

    Hasta la entrega que en el beso inmola
tanto afán,
uno de ellos vencerá.

    Fuera de seda el abandono;
cumple el deseo la carne
si abatido está el cuerpo en el espasmo.

    Invicto queda aquél;
yergue su brío.
Feliz no por amor,
sino por verle en goce derrotado.

292   6

    Olvida el son.
Tacones bailan
que los silencios trizan.

    Sobre el estrado queda
aquella majestad.

Fúlgida fuera
si así quedase siempre,
como estatua.
                    Mas no,
que hiere el suelo.

Ya fustiga el talón de hojas doradas,
ya las quema en su gozo.
¿Dónde el baile?

Oh remolino de placer;
música sedienta
que se deslía.

Sólo el *croissant* crujiente
en la boca de seda, muerde.
¡Oh, muerde!;
ya bellísimos dientes
idolatrados.
Qué hojaldrada maleza deshacen
mientras contempla el baile.

Calla; pues quien inventa
esa alegría,
el trance ya no vive
aunque es testigo.

Funesta historia fuese
aquel falso candor de la algarada
en *Magstr 14*.

Feliz la sala queda
con el retrato del prócer.

Y nadie, por pudor, ya lo contempla.

293

7

Blasfema el levitón desde el estrado
con la altanera jarra.
En la poza del vino hundióse cuanto
decir tuvo y no pudo.
Gente ahogó sus deseos
en los alberos con las capas cárdenas.

Joven, joven ya libre
huidizo por el mapa.
¿Qué oficio es
ser montaraz y héroe?
¿Qué portillo se abre cuando saltas
tapias de tulipán de quien descansa
en su poder?
                  Dejaste recuas
en abandono de labor.
                              Lagar que no pisaste,
otros mostos fermentan.

Y tú, huido por la noche que embalsama
el cuerpo de postura hacia la muerte;
quebrando niño entre disparos, piedra
en la barranca sorda del desprecio.

294   8

(Elegía por Janys Bessi.)

Como un temblor que *adiós* dijera,
porque la ída nunca resucita
lo que a su lado fuera tan vivido;
sino que ya tan sólo en ese humo,
huellas de pasos, vaso que manchara
el rojo tinte de la boca,
yace en su atmósfera.
Y aquello tan perdido vuelve siempre
por la recordación.
                          Mas nunca
ya real; siempre extinto;
espacio de aquel cuerpo
solo en su nada queda;
como velo que ocupa
lechos, paisajes, la caricia acaso:
mohos del frío.

Tú, realidad, acaso
escolta de acechos, seas
necesaria.
                Un cuerpo que se evade
bien por ira o la muerte,

o pérfida renuncia,
¿dónde espejo le suple?

Amada silueta sobre el pórtico
que la luz le velara el rostro a veces;
mirándote a lo lejos, siempre estabas
desde la humillación hacia los éxtasis.
Pero ahí, que ya nunca exhalada;
como si viento en cuajo arrebatase
esa mutilación: carne de olvido.

295   9

FÁBULA PARA ANIMALES MANSOS
EN UN PARQUE DANÉS

I

El topo ahuyenta el herbolario
y sale
disconforme a la luz.
Huele y otea la incólume nevada
y a la almudena huye.
Allí, raptor del grano, se solaza;
y devorante el hambre, muerde el tallo
vaginal de la flor.

En el húmedo órgano,
en donde ya la tolvanera engendra;
donde es más cálido el bocado,
roen los dientes.

Muñones en la nieva son la siembra
ya nunca florecida.
Y así el lentisco muda sus colores
a la parda orfandad
que el manso topo, en mansedumbre, inmola.

II

Quebró la rama de abedul ya seca.
Cruje el mundo con ello si estampido
leve es; pero en torno se acrecienta

tal rumor; que la hoja tuvo un día
vivida en sus adentros.
                              Ya desgajada queda
talante y rasa del abrazo enorme.
Árbol suyo subiendo, hoy en vano
camino de la oruga.

    Pero nunca
fuera mente animal quien discrimina
si has de alzarte a los pájaros,
o tumbarte en maleza para fuego de hogar.

296   10

                                        (Azrael.)

    Quien el ánima aparta del cuerpo
es Azrael.
Cuál su oficio.
                              Olvido ha de llamarse
quien renuncia a la carne
y alma ahuyenta.
                              ¿Dónde
placenta nueva encarnará tal vuelo
del aura que irredenta no ha cobijo?

    Pliega sus alas Azrael
sobre el magma sin flores de ese mundo
tan pronto mengua su labor.
En su lunada postración, bien duerme
y ese sosiego es noche.
Jamás mortal halló cobijo en ella;
pues si es sueño la muerte, nadie vive.

297   11

    Acaso sea verdad,
que vas dejando de sentir
lo que fuera antes dolor
y ahora no;
aunque el mismo quebranto, el mismo pésame
y la igual negritud de la conciencia,
sea por siempre dolorosa.

Me miro entonces por si descubriese
dónde el pecar; qué fuerza helara
la paz que alzóse un día.
Hoy es solo mirada larga y extenuada
que va de una pared a otro paisaje;
traída va y llevada por mal viento,
sin acomodo en el perdón.

Pues fue así como anduvimos años.
Crecían otros pétalos, abrojos ya
y aires marciales con el abandono
de herir, ya que se inmolan.

¿Perdióse entonces el amor?
O era el merecimiento de una época
que nunca fuera nuestra.
                          Y nunca
nos llegó como viene para el campo.
Mas bien como ventisca de la ira.

298   12

(Generación.)

El desafío constante del huracán sobre el Averno,
haciendo así temblar de espasmo a las raíces
interminablemente en los días que a juicio convoca la naturaleza
sin saber qué es lo que pretende con su ira;
desgajando de olivares el monte,
inundando madrigueras,
hundiendo sobre el mar losas rocas volteadas.

Acaso es tan cruel como tu meditación
de galerna en los atrios donde fue aquella vida
contemplada entre rosas.
Hoy ya firme arpillera de lo que por mutante
pudo ser; mas fundióse.
Quiso llegar, y pérfida la calle
le engañó su trayecto.
Ordenó sus herencias y de nada ya pudo
seguir, seguir la fiesta que es vivirse entre otros.
Sino que aquel rechazo, aquí entre sombras,

oteando un paisaje detrás de tales tapias,
contempla a cuantos fueron en la generación:
irredentos por tránsfugas, malheridos de encono;
solos de gabinete con su botella siempre
bebida hasta la hez.

Que así es la soledad.

299   13

Ama la soledad expiatoria,
el homenaje a tu generación;
la muda, la embozada, y no de frío,
sino de lengua helada.
Aquellas las silbadas entre dientes
palabras y apostemas, no llegaron
a restallar su música en el aire;
quedáronse en idea nunca dicha.

Con la hermosa que fuera tanta lengua
y mas si en grito ejerce su sonido
del voceo riente y su sarcasmo;
latido ya, tal vez la carcajada
ensanchándose al pecho, pues bien canta,
y fuese la mirada no mirada
de lo que se contempla.

¿Qué fue entonces lo que el ojo acerca
hasta aquí?
                Nunca fortuna;
velo tan sólo que encubriera el llanto.

Oh tú, el empecinado de arrogancia;
con la altiva mudez,
ante la fiesta torpe y su ponzoña,
busca la soledad.
                Entierra el paño
de los viles oficios;
narra la historia de los faraones;
cambia la faz por otra ya riente
y hondero, abate ya cornejas raudas
que cercaron tu patria de osadía

El incomunicado del escarnio,
acércate hacia el borde.
Contempla así tu tierra.
Salta al abismo de la mar gritando:
nadie recuerda ya las profecías.

300   y 14

El *jazz* es creación sobre el concierto.
¿Quién pues va a dirigir la melodía?
Si el banjo irrumpe en su clamor tronando
y todos le acompañan, lascivo el banjo es.
Líder del caos.
                    Clama la extenuación,
reina del éxtasis.

   Abrazado el acorde cae en las tablas
y allí reposa su melena húmeda.
El público se incendia en su alboroto
y canta.
A solas la canción siempre es tristeza,
mas dada en compañía es iracundia.
Himno se llama la figura,
                              antorcha.
Y aquél bebiendo un lento alcohol
yérguese sin saberlo.
Y precipita
su enloquecido rostro en la avenida
de lentos eucaliptos
donde se inventa el pánico.

   Noche has sido, oquedad sobre los mártires.
Calle abatida y juventud luchando.
Una ruina vaga y se detiene
por recoger la música que arpegia.
Banjo mordaz, deshecho por las balas.

10
TABLAS LUNARES
(1980)

«Ahora mi sed
será más leve, menos acre la herrumbre.»
EUGENIO MONTALE.

«Ahora conozco mi destino y mi origen.»
GIUSEPPE UNGARETTI.

«Non omnis moriar.»
QUINTUS HORATIUS FLACCUS.

«La luna fue la última encarnación del
espíritu de la Tierra, y la raza humana
pasaba por el estado de conciencia animal
en el cuerpo etérico del Señor de la Luna...»
MANLY P. HALL.

I

GALERÍA DE EXVOTOS

1

DESCUBRIMIENTO DE LA NIEVE

Esos volantes copos, cobijados
en la rosa más pétrea de la ojiva,
albo yacente en la altitud del templo
cuaja allí su estertor, quédase en hielo.
Lo que albergue del pájaro y recinto
emplumado, es hoy caverna
del don petrificado de la nieve.
¿Es grato el frío de la noche torva
como es bello el descanso en las vedejas
de ese hálito puro de la escarcha?

Lo hermoso a veces lo será a unos ojos,
pero a otras miradas será yerta
esa contemplación.

Tras la ventana cae la nieve absorta,
ruédase en bultos por las manos niñas,
blanco es el júbilo.
Mas no para el nidal de ungido muérdago;
ya migratoria el ave, se destapa,
búscase asilo.

Mientras tú matas, sin saberlo nunca,
el descuidado orden del concierto.

2

302   JAULAR

   Cómo remoto, pájaro en custodia
jaular.
        Si encarcelado plumón,
si agua y grano, tu libertad aleteas.
¿Habrá otras ramas de abedul al fondo?
No sabes, no, qué queda en ese aire
no volado; tal vez respiro de otros que se fueron
al rubio candeal de tales céfiros;
puede que el júbilo.

   Dime, gorgeo del alba; quieto
espanto de verdura; dime amarillo
pájaro, ¿así la libertad?

   Cómo abrirte los pórticos si hay viento
que encarcela.
                Y la histriónica garra
agazapada y firme va a cubrirte
los ojos de un letargo.

3

303   LA ARMONÍA DE UN AIRE

   Entre el zureo que habita cuando tu cuerpo pasa
y el hueco que se quiebra como junco si llegas,
un instante perdura igual que la armonía
de esa cuerda de cítara tensada por la música.

   Lo que llegó se evade; sólo memoria vive.
¿Qué dejaste, muchacha, flotando en los almendros?
Un vaho que es ternura sobre su gota ácima.
Y quien amó ya sabe la angostura del cáliz.

   Racimos, los ya prietos, verted zumos.
                                    Bebed
el húmedo goteo de esa vida pasando.
Detiene el blanco dedo su sortija en la rosa,

acaricia su aroma, que no pétalo
y un clamor que le invade se impregna por su túnica
y evádese así el cuerpo, pues sólo lo desnudo
deja su laxitud, la eternidad oferente.

4

304   EMISARIO

        Oh manado caer, floresta yerma,
    por la que agujas de hielo enervan tactos,
    fríos silbantes sobre el emisario
    que anduvo entre nevados cedros vírgenes
    por llevarte a la mano aquel exvoto
    que va a decirte amor del que más ama;
    pergamino de lluvia, carta cálida.

        Habitante lunar de este mal páramo,
    devuelve la misiva a quien camina
    al otro albergue donde aguarda el ansia
    que la loba custodia.
                            Y se apresura
    en que amantes no pueblen las distancias.

5

305   TAN SÓLO EL CÁNTICO

        Reposo ha sido tal contemplación.
    Fuese mi dulce hijo corriendo por la orilla,
    inflamándose en linfas;
    la potestad marina que el delfín salta y comba,
    la mano en el amor acariciando
    la guirnalda que cubre esas sienes heroicas,
    todo cuanto en bondad es bello si perdura.
    Sólo así tal recado
    quien ofrece;
                    sólo por dádiva
    el que dáse latiendo con su plexo dorado
    y oprobio va y recoge
    mas sonríe por siempre.

        Pues fuera su misión tan sólo el cántico.

6

306   UN TORCAZ ARREBATO

A pesar del amor,
esa distancia de los hijos
contemplas.
Miras su andar, la fiebre núbil
que los agita,
cuando postrado en las columnas,
sólo sientes el frío.

Si vuelves la mirada a tu yacer,
te ven misericordes
aunque tus libros sepan
y las páginas sálmicas
musiten oferentes.
Qué mayor gloria
para ti.

Inician danzas;
no son tuyas sus músicas.
Su acorde trino para ti es hambre
y en ellos abundancia
y el cántico de entonces, lares de aquella vida,
vuélvese blasfemo.

Engendras sólo un tiempo arrebujado en carne
caminante,
no un torcaz arrebato de tu aire volado.
Aquí te miran.
Dime, generación,
portándome la sangre y no mis mocedades,
qué abismo nos asiste pese al habla que une
tanto vástago ausente de primogenitura.

7

307   GENERACIÓN

        Los que nacieron de ultramar
    con la galleta salobre
    mordida con saliva de otras épocas
    y el níspero más ácido
    encubierto en ceniza por menguar su dulzura,
    abren sus ojos al mapa fenecido
    de sus tierras.
    Recorren ya la hacienda;
    sólo hallan
    cobijo inerme.

        Por ello, ¡oh tú, nada peregrina
    sobre los campos recorriendo
    de mi generación, maldita seas!
    En tus avernos de esponjas,
    con glaciares sin dioses,
    danos un Dios que unja
    con su túnica hilada.
    Pon señales sobre los cirios de la celebración,
    y ardidos en tu cera
    acércanos, acércate al viril,
    pon ya la harina en boca
    y así oferente
    danos contemplación;
    no las tablas lunares del hastío.

8

308   LOS CREPÚSCULOS SEPIAS
                    DE MI TIERRA

                                            A Antonio Abad.

        Asomado a los crepúsculos sepias
    de las tardes de mi tierra,
    oigo el clamor que elevan los vivientes
    hasta la soledad.

Envuelven con su sed embreada
el vocerío que asciende:
fustígase el silencio.

Evado el cuerpo del alféizar
con los ojos cerrados.

Fuentes las surtidoras,
emanación del agua que enmudece
en su puro manar
ese clamor extinto, el sonido invasor...
Heme postrado.

Qué cruel indiferencia:
olvido de vosotros.
Solidario no fuera quien ajeno
su paseo detiene
y pregunta a quien halla:
histriones le amedrentan.
Y el varapalo
acomoda su burla a la cadera
golpeada;
el aye es carcajada,
tal el zafio alfabeto de la burla.

Cambié las avenidas de avellanos
por la plaza sin nombre del zaguán.
Cerca de los glaciares queda escrito
el testamento en nieve que se evade.
Nadie pasó, pues huella no ha dejado.
La huella es sólo el paso más secreto.

9

309 ÉGLOGA PATRIA

Qué sacrílego ha sido el contemplarte
sin darte amor; poniendo redes,
cepos de caza, oh tierra la nutricia.
Paseando baldío junto a juegos
de tu égloga patria;

cómo dirás la hora si es heraldo
del tiempo tu cuidado.
                         Cómo
voy a yacer entre los yeros pastos,
valles donde soles acunan.
Quédeme así tormento por compaña,
lámparas ya sin luz, de espaldas a tu gloria;
las vesperas por donde ya descienden
señales que vi solo
pero no compartí.

   Posa plantas infectas la arrogancia,
lava pecados en aguamanil.
Qué agua esponja ojos de piedad,
qué reyerta apaciguas.
Nunca sin ley, mas con leyes de olvido
has paseado el cuerpo junto a la redención.
¿Quién te asiste, pregonero?

   Ayes tan sólo de tu boca extinta
das;
espigas bien granadas,
mas sin fermento para el hambre ajena.

10

310   EL DOMÉSTICO

   Quedó solo del bosque, su hueca claridad.
Parado estaba bajo el sol lumínico
el doméstico.
Porta bandeja con los utensilios
de las abluciones.
                     Váse luego y retorna
con manjares envueltos en la plata.
Una tórtola huera con las plumas
arrebujadas por ajonjolí.

   El trance queda así ya degustado.
La bandeja es proclama,
bacía que no yelmo
sobre tal refectorio;

mas luego será emblema donde porte
la testa del bautista
mostrado entre verduras.

¿Sólo así el corazón?
                              Solo el conocimiento.

11

311   ATRIBUTOS DINÁSTICOS

Si los objetos de nuestra dinastía
no son las paternidades,
sino su revulsión a ellas,
estos meandros engendrados
aquí
      y allá
que las linfas del discurrir detienen,
no atesoran herencias
pues vivir es nadar contra otras corrientes.
¿Dejan un agua clara al espejismo
de poder contemplar lo que acontece?

Nunca han de ver; pues acontecimiento
es lo que ya bogante raudo vuélcase;
no como el pescador de caña extático
que canta o silba mientras caza al vuelo
y al pez otea en su nadar cegado.

Los reporteros de generación
atestiguan al hombre,
mas no a un hombre que busca su canto en las fogatas.
Pregunto mientras sigue la pesca
si son iguales que el pescado ciego;
es aquello que pasa,
dejando así sus huevas futuras a un letargo.

12

312   PLAZA DIVIDIDA

        Igual que la misericordia
        cuya espada la plaza parte
        en dos.
        Y aquí dicen que quedan
        los hediondos afanes
        por humanos.
        Y allá el perfumado
        ágape del inicuo.

        Y alguien ha de rasgar la frontera
        con un golpe tan sólo a ese sedal
        para que así, vertida torrentera,
        fúndase oprobio con ensalmo
        y el perfume del hombre en su diáspora
        sea la conjunción, el solo arrobo.

13

313   ACTUALES MOTIVOS DEL LOBO

        La hermosa voz agónica del lobo
        estirando su rubia pelambre de la fiebre,
        clama en el caz.
        Abreva así la sed, que fustigada
        por el olfato de la sangre joven,
        desespera el sentido.
        Nunca cesa
        el deseo reptil, la dentellada
        de su hambre esteparia; honda persecución
        y ya balido, última voluntad de quien ofrece
        la trenzada garganta
        para el golpe.

        Se regresa al cubil;
        en la lobera
        los ojos bobos de agua del lobezno,
        interrogan.

Fratricida es la pena.
El animal da vueltas por buscar su acomodo.
Doma la paja mancillada y tiende
su jadeo.
Cierra así ojos, lame dentelladas
y dormido se queda con el instinto presto.

14

314   BOLERA

En el juego de bolos, acierta aquel que tumba;
quien menoscaba solo un poder, quiebra en tercios
y espera que buen pulso sea diana en las cariátides
que ya nada sostienen, pues cabezas perdieron.

Apacible ejercicio quien el salto practica
y cuando va de abismo a despeñar su suerte,
alas le nacen para salvar su trayectoria
y apacible se queda su aleteo en los élitros.

El ángel tuvo un día menesteres humanos:
zaguán con algarrobos que su hambre distrajo,
diálogos con otros muertos de la iracundia.
Por ello así volaron; aunque no lo recuerdes
hoy lápidas inmolan tan forzado coraje.

La bolera es lugar donde el ocio distraes.

15

315   DEL INCIERTO HOSPEDAJE

Aquella embarazosa situación
del hospedaje,
en tales galerías de guirnalda y florestas,
con galgo parabólico dormitando en la alfombra
y el ujier tonsurado en su ocre librea
para brindarnos aposento,
con trémolo de encajes donde el susurro es lóbrego
y los lacrimatorios en las mesas de noche

acogieron salobre una lágrima usada
que nunca fuera nuestra, sino de antepasados
mejores avenidos que éstos del viaje.

Miré mi compañía en arropes vaqueros;
consustancial la trenza al baldaquín dorado
y púdica en su trance, sin desnudarse apenas
por temor a que el ojo de buey no fuera sólo
claraluz de la estancia, sino humanas pupilas
que de embajadas fueron condestables espías.

Es evidente que el amable trato
precisa correcciones:
como encubrir la soledad
siendo tan sólo huésped de uno mismo;
rociar en nuca bálsamos a la amante en descuido;
usar los utensilios privados,
y alejarse en el sueño
que depara el abierto cortinaje del bosque.

A la mañana, un avellano
los cristales golpea.
Es otra anunciación.
Se abandona lo estéril,
deja la mente lúcida el rocío.

No supimos por qué
fuimos por el camino de Swann.

II

LAMENTACIÓN DE DIONISIO

> «*Alors les déficiencies sont nées entre l'homme et l'aride ouvrage de bloquer aussi le néant.*»
>
> ANTONIN ARTAUD.

16-I

Estas ruinas fueron
alegre campo un día.
Están las inscripciones tatuadas
en la gloria del ábside.
Veo muda estameña
señalar lo que en piedra aquí se yergue.
Jamás la gloria hallé,
pues si de pueblo hablo,
sólo se glorifica quien pervive
y no quien muerto yace.

II

Hirsuta testa guarda
pensamientos ya crueles;
un sueño queda inmóvil:
esplendores que han sido.
Mas nunca esplendor fuera
sino es áurea la frente.

III

Por dolerme esta patria
ya naufragada,
he de soñar edades
que si nunca lo fueron jubilosas,
las pensaré, las soñaré altaneras,
pues siempre lo real brotó de un sueño.

IV

Es un vacuo deseo solamente
pues decrépito vivo y ambiciono.
Vine de tales tierras,
cuna de tanta búsqueda;
islas bogantes eran
ya en naufragio por siempre fue mi sino.

Si de ruinas hablo,
tomad asiento aquí, en lo quebrado,
es diálogo impuesto.

V

Hablar de dos en dos siempre me ha sido
monólogo de sordos.
Tuvísteis que andar en púlpitos clamando,
y vocerío, estertor de todos,
pues de tal ronquedad, suben los tonos
mayores.
        Y cuando ya despiertos
anunciéis la diáspora,
vocead.
Que así sea, peregrinaje unánime.
Sea válido el hablar. Nunca el nosotros,
y sí el de todos, alfabeto amado.

VI

No es posible que ya el discurso narre
acontecer que en la justicia viva
ya que ésta la inventas
por ser tan deseada.

Profané tal deseo
yacente en los mercados
y lo oculté del foro,
porque así la semilla fuera lóbrega,
y atadas se quedaron las conciencias más nobles
por palabras que, vanas,
nunca fueron espejo
para aquellos discípulos que buscaron por siempre
tanta verdad.

VII

¿Y bien?

Y bien, dice el que aprueba
la impuesta ley que enmudeció las voces
esperando tan sólo si el azar permitiera
que el decálogo un día,
fuese como la piedra de ese texto:
pretil de los sepulcros.

No decirme clamando
que es necesario el método
cuando de cosa pública se trata.
Que el pueblo no fue unánime
ni en su sangre altanera,
ni en la profanación del laberinto
que urdí, que alcé en sus mentes.

¿Quién agrupa el sentir?
Renazca pues la potestad
y un país necesario perezca en su renuncia.

VIII

Dicta quien antepuso sus principios,
aguarda en sombra aquél que los rechaza.
La unidad es la paz, pues todos cantan
un himno de fanfarria en el estadio.
Nadie se meditaba su abandono;
fuese a la mar quien sabio no esplendía
aquí su brillantez, pues quise que ella fuera

maleficio ya inicuo, tránsfuga bien pecado
para que no alumbrase candil en las conciencias,
como aquel de Laertes,
agrimensor del trigo que es el hombre.

IX

Clamé, solo, en acecho,
para el truhán que aguarda la pedrada
y enmudeció la voz en negaciones
de esta sedienta tribu.
Ahogáronse los justos
pues esperé el recato, ese gesto del héroe
de inmolarse en la plaza
por ver si así el conforme
conforma moral nueva.

X

Nada ocurría.
                    Decidme
si no fui dios tronante.
¿No véis la majestad en ese rictus
neblinoso y anciano?
¿El aura que ya nimba
la figura señera sobre el atrio
de quien salvó su afán?

Por todo el odio que en el fuego impartas,
sé y es mi gloria, que admiráis secretos
esta crueldad posesa en mi tiara
y a cuyo paso claudicó la rosa
ajena al vendaval, mas sólo mía.

XI

No fue esa paz que en celo ambicionabas;
aquí no se ejercita.
Es un sueño por loco pues ya, dime,
si el sacrificio puede y justifica
cambiar a justos lo que en la justicia
por no serlo se crece y así admítese.

XII

He sido arruinado en la peor riqueza
que ya puede quedarnos.
                              Conciencia es
lavar las manos aunque limpias fueran,
santiguar en la puerta tus signos paternales,
mirarte sobre el mar y ver barcas enjutas,
no huir cuando así llueve, sino mojar tu pecho.
Pero nunca aceptar como salmos,
aquello que es flaqueza en tu ánimo
y por miedo al embate justificarlo siempre.
¿Qué paz iguala, dí, la del silencio?
Aquella sola de inmanente tedio
o desesperación de los sentidos;
pues sentir en voz alta era oquedad consigo
ya que el verbo por siempre mutilaban.

XIII

Miro el poder yaciendo,
es igual que ese humo que se expande a lo lejos;
existe y no fustiga ya que es pavesa ahora
pues enturbia el paisaje con sus luces.
Rescoldo es de algo
que arde en la memoria.
Cruel se mantuvo el tiempo
del navegante por la muchedumbre
que en tal época fuiste,
bien preso en tu hornacina,
meditabundo en harapos, pues la voz,
oh aquella voz en el cantil,
lapidaban los himnos heroicos y macizos
como la arquitectura uniforme de tales monumentos
a muertos sin custodia.

XIV

Dime qué herencia queda de tal contemplación;
miedo tan sólo al cetro enarbolado,
al buhonero apátrida que vendernos podía
pues por desconocido era antifaz el rostro
de cualquier vecindad en su impura gramática;

voz soez del apremio,
cuerpo esquilmado luego, ya ceniza en la nieve.

XV

En un olvido de consagraciones,
en el lecho se guarda cuerpo extinto,
pero inmortal quedó la vida en cercos,
la piedra del sepulcro; la inscripción de tal nombre
testigo es.
            Lo contemplan ojos
ya votivos. A veces riegan lágrimas
a la esquirla de bronce que le acuna
para siempre inmortal; es decir, vivo.

Tanta mutilación ya postergada
no levanta el muñón que fue quebrado
pues éste es solo seña de una mano
que algo apretaba entonces;
o encendía la antorcha que inundó las cavernas
del justo resplandor de la inocencia.

De tal recuerdo, dime, ¿cómo queda
la memoria de tantos?
Borró el destino mentes santiguadas
y otros huyeron de seguir pensando.

XVI

Violante de oficio,
la inocencia quedó marchita y desmayada
en ríos de esa sangre
inmolada en las sábanas.
Más tarde ya, sudarios de himeneo
de tanta mocedad truncada en espejismos.

XVII

Aunque mediato fuera el desenlace,
verdad es que parece que los siglos
cierran tal efemérides.
Ayer anduvo entre carrozas.
Palafreneros,

custodios del boato,
daban parte a tal trance.

Una mano o sarmiento saluda a quien aguarda
el cortejo.
Fanfarrias, camaradas,
colegiales al borde agitan las guirnaldas.

¿Soñé con la quimera?
Oh realidad, no en balde
fue verdad;
como es cierta la hora
donde el sol no calcina
y deja así la lengua perpetua de la llama
que abraza cuanto toca.
Mas ayer fuera hielo.

XVIII

Para quien guarda así sus velaciones
del tiempo que atrás queda como un pozo
y ahora respira enjuto aire serrano
por el árbol del pecho, savia es la vaharada
que de la tierra llega por ser húmeda y nueva.
Húmeda por las lágrimas que fueron.

XIX

Busqué tropa que holgara por ser fiesta
bailando alzados pies en remolino;
juntarse manos con pañuelos,
besos sobre el jergón, carcajadas del goce
y luego ya perplejos de tanta romería,
irse al sueño volcados los cuerpos de abandono,
juboncillos deshechos, heridas restañadas
y la paz que así colma cuando el vino les vence.
Un murciélago vuela sobre el párpado,
nadie le vio posarse por la frente dormida.

No hallé más compañía que aquél que pastorea
bestias en el regazo de la tarde de plomo,
el laúd manirroto que tañer ya no puede,
el columpio en el árbol que otro aire menea

y atónitos los ojos que por el tedio indagan
la ruina maldita que alianzas convoca
soñando en otro tiempo donde alegre bailaras.

XX

Ha existido una vez cuernicabra galante,
hijo de pastor y aldonza y de órgano ungido;
taciturno en las mieses, mas perplejo en los atrios;
en seda cubre ausente la tanta desnudez.
Genuflexiona el torso y así arrastra en el polvo
mente contrita.
                    Arpegia
rezos que en barbas queda, mas le oye el heraldo
que en vecindad musita devociones.
Ya le observa quien tanto pregón correveidile
trae de gleba a mancera, pabellón y bufete
al pardo dormitorio de las encarnaciones.

Bozal pone al hermano porque profano canta
y es cántico de feria y alegría de pueblo;
antífonas musita en voz entrevelada
aunque su ojo ve sólo pardillo embozo,
comisura del seno y pezón montaraz.

Su moral se santigua porque es hijo de algo,
parva pisada en nombre del señor castellano,
ceremonia en el cruce con la dama en la plaza;
sonríe así el valido que conquista sus dádivas.
Qué bolsa cubre en capa, qué indulgencias abona.

Varón de la lisonja con solo un enemigo:
su memoria recóndita, cuando en las soledades
observa la pared, blanca de cal tan sólo
y tú, que te has cubierto los ojos por no verle
cuando al alba contemplas el rostro en el espejo
y al lento fango cae la conciencia violada.

XXI

Tenían largos campos que arar
y alamares colgando de la carne
más constreñida y rota; descalza vida
enjuta entre arañazos; persecución

del águila, fuegos
por el campo en sudor.
                              Guerreros
de topacio cruzan pechos con dardos.

    Él calma la cellisca tan sólo con mirarla
y florida le queda tanta imagen.
Otorga la cerviz, escapulario
de piedad; contempla así su tierra
y se la inventa joven.
Cómo mirar postrado lo que yerto se extiende.

    Hierve huesos de pájaros;
nada sobre arrecifes;
paseando en la plaza su túnica de incendios
a la estatua le cubre su helado mármol yerto.

    El pueblo canta.
Es triste la salmodia
de azufres aprendidos.
Muestra su cicatriz y su cilicio
mientras ríen de espanto,
yermos de campo arado,
sin saber que les cubre un huérfano silencio.

                              XXII

    De aquella mocedad que el aguanieve flagelara,
qué dirás, césar,
rémora, ira,
frustración del olvido,
hurto de alianzas, metralla en los derribos,
impávido solsticio,
el impuesto vestido color de cielo pardo,
represión y mudez,
inicuos aforismos,
retóricas sublimes de nuevos alfabetos
del tonto apetecible colgando sus guirnaldas
tras el palio festivo,
como si fuera fiesta ir descalzo al cortejo.

    Oh, no, Dionisio entre los mármoles,
la herejía
estuvo en Siracusa como en mi ciego campo.

III

TABLAS LUNARES

«Dijo habitaría en la tiniebla.»
(*Paralipómenos*, 6, 1.)

PRIMER INTERLUDIO

17

317   RECUERDO DE LA PATRIA

El anciano oteante
ve cigüeñas al paso.
Columbra el cielo y míralo emplumado,
pajarería heraldo es ese vuelo
que anuncia la estación.
Queda el dólmen del cuerpo
parado sobre el porche.
Contempla así los cirros.

¿Pasó la mocedad en tal postura
mirando el alto azogue de las nubes,

la patria de sus vástagos, el trino,
la abubilla en el hombro?
                            Vuelve
de sus arcanos al venero lento.
Sacro es el fuego, ardida está la mies;
vierte azufre y el ungüento eleva
al aire allá mecido;
la pócima del céfiro
llueve su talismán.
Quedóse el campo arrebujado en oro.

Fueron las potestades, y no pájaros
los que la patria cruzan.

18

318   DEL HUECO DE UNA IMAGEN

Cuando levantas la mirada ciega
oteando el bullir, que no deviene
del tránsito vecino, sino de un aguacero
que cercena la tarde y pone la tiniebla
colgando como un arpa de los ojos,
y avanzas solo por las galerías
por encontrar la puerta, y allí la palpas
y sus molduras frías callan lo que el silencio
oculta al aposento.
                        Y el candil alimentas
de aceites ocres que una luz de ánima
alarga en las alfombras; y hurgas en el bolso
la llave que los óxidos encubren
y no se encuentra en su lugar,
como tampoco los pintados óleos
que un día cobijaste de esplendores,
y recuerdas entonces su retrato
y transido te acercas por rozar aquel pómulo
y sólo un vacuo bastidor
alberga una tupida araña de ceniza
que ahuyéntate de espanto, pues no hay rostro
sino tan sólo el hueco de la imagen;
y en sagaz rapidez elevas la cerámica
de un día en Creta, pues allí está la llave,

y lo crees, y abarcas su cóncavo recinto
topando sólo el nácar de botones antiguos
depositados entre hollín.
Y arrodillas tu cuerpo hasta el plexo postrado
por indagar baldosas, aquella la del gozne
que abría pasadizos hasta sótanos húmedos
y al fin el enclaustrado su escalinata cómplice
te sumerge en angosto laberinto
y llegas, y es la poza donde gotea un agua
estancada de larvas.
Y una maniquí cortado en su cintura, muestra
las abluciones de su perdición,
y es el único cuerpo que te habla
de un pasado vestido en los encajes.
Y ya desfallecido vuelves a los orígenes
pues pasaje secreto es sólo el que luz tiene,
nunca el sótano yerto que la cripta custodia.

19

319　　　　　RETRATO DE UNA DAMA

¿Fuera su niñez más grácil?
No. Los años pueden vaciar tal ritmo altivo
en el salto o la comba;
más tarde en el desmayo
de su preñez redonda como cántara
cuando el salón paseaba y el donaire
dejó estelas flotando sobre el musgo
del verde dormitorio.

Mientes si la contemplas.
La inocencia ya nunca virgen fue;
nunca, por inocente.
La pureza es aquello que perdura
una vez que ha pasado.
　　　　　　　　　　　　Aroma es.
Sólo aroma.

El vestigio del reino es un olor
recordado en tu alto aposento.

Salvado por su atmósfera,
el perfume perdura.

¿Cómo así se deslía
vivir de lo soñado?

Viva soñándote.
Con la frente
blanca y lenta, pensando
cómo la tierra llega hacia tu abismo
para esa sepultura de gladiolos que emergen
donde yaces; ya carne
verdecida de húmedos estíos.
Pues sólo impera la triste realidad
que es ese medallón,
y el rubio rizo frío
que custodia la imagen.

20

320   DE LUZ AYUNA

Mojado queda el huerto de aguazales.
Siembra la siempre verde, ya tan pálida
pues extática luna la pasea.
Espinado se queda el vellocino erial,
el silbido entre cañas, uso lóbrego
de hablar en sortilegios.
                              Así secreto fuera
llamar entre los hórreos
tu nombre de medusa,
para que a tal llamada
asome la lucerna y tras el óvalo
y ya la pañoleta; luego el pecho
granado entre los miedos, y una mano
que asida queda por la noche
y entablada en el viento, ondéase y recoge
una gota de escarcha, dádiva de la sed.

Criatura en el cuenco mirando lo que grana,
¿qué ojos en lo oscuro el clamor avizoras?
Si pongo dedos cálidos donde tu piel se acaba,
y se avasalla el gozo en los cepos del ansia,

pasarán largos ríos por las ingles floridas,
mas qué solos los porches donde tiembla la luna.

Nunca ya la negrura nos sirva de cobijo,
malherido perol que las ascuas entibian.
Pues alimento es la luz que nunca vimos.

21

321   REGRESO DEL VIAJE

Ajado queda el tronco, y más la tierra
que la amó. Nunca ya su madera
será pérgola; aquella la baranda
del navío lustrábase en barniz,
pues fue artesano el banco,
y navegó su singladura en horas
de levante iracundo y a dársenas llegó
tal barca ataviada con gentes y alimentos
por fecundar antípodas ribazos.

Qué contagio de vida alzábase
en esa orilla maderal. Qué gozo
de ver que lo sembrado de una mano
o la semilla que en volandas fuera
traída por tal viento, germinase.
Y ya más tarde su estatura eleva
en tallo blando y queda como árbol
para nupcias de pájaros.

Vi los talados dorsos desplomar su eficacia,
mis hermanos del bosque comunitario
arrasándose; lucir ya para siempre
aquellas lluvias, pues mutilado anduvo
el paisaje torcaz, y ni escañuelos
sostienen ya las piernas.
                          Vi
tanta provincia ayuna, que regresado al lar
contemplo la congoja y he aquí que la patria
es este cruel paisaje de lápidas vencidas.

22

DEL USO DEL MARTILLO

322

El martillo es un signo de cruz;
tiene un aire dormido de conjunción del aire
pues lo puro se eleva, mas lo abyecto equidista.
En la mano que oficia, cumple la gran licencia
de taladrar la sien con un clavo de cíclope
que allí deja colgada de la inerte madera
pues el mártir solloza antes del lapidario.
Pudo nacer la alondra de tan loco torcal,
criar sus piavolutas en el nido de muérdago
que trenzó la destreza.
                                    Mas no fue árbol nunca,
sino enhiesto menhir para los sacrificios;
por ello cuanto vuela navega tristemente,
ya que nació en ceniza y quemado se escapa.
En qué música nace la tempestad de ahora
que el humano tañer es golpe de iracundia;
en qué niño violante las gestas ya se cantan
si pasa e incendia al paso los cáñamos del río.

Veo tu voltear de martillo inclemente,
rufián de los estadios e invicto en gladiadores,
alzado en la peana de quien mata callando
la vida que pasaba ausente y carpintera.

23

SOBRE OFENSAS Y ESTRUENDOS

323

Pendenciero el linaje que atrona
a estallido de látigo.
Ha dejado sus ecos
flotando en las cavernas.
                                    La tralla
del ebrio huracán.
                                    Cuando festejaban
el cumpleaños de boda, entre alegría y *champagne*,

devino en hecatombe.
                          Por ofensas vulgares,
la interjección nació de petición de baile
a la más bella.
                  Lo que duelo en el alba
a florete y pistola, con padrinos en frac,
resume el acto,
mientras en la calesa aguardan los apócrifos.
Solamente se aturde al fauno en su sesteo.

(Bien lo dijo Ezra Pound, que el caos de las batallas
no alteraban, en suma, las perdices volando.)

Es evidente; quedaron, no tales perdices,
sino el hálito pausa que la armónica ala
dejó como susurro,
para ocultar los hórridos disparos.

24

324   ESCENAS DE PERDICIÓN

    Cuando el reloj de arena
vacía el polen áureo hacia la esfera
y el paso así del tiempo entierra el alma
que ya pensó,
queda una mano vacua
apretándose al talle de quien pasa
ajeno al estertor de aquél, que hundido,
recuerda ya invidente.

    Mas no percibe el tacto
aunque garra en su carne
deje sangre parada.
Qué ajeno hacia el dolor
sigue el busto inmortal.
Y piérdese en la broza,
pues no es camino el que a la nada llega.

SEGUNDO INTERLUDIO

A Sultana Wahnón.

25

PIEDRA SOLA

325

Esta roca que aquí parada queda
desde siempre,
¿cómo vino al lugar?
¿Habitación de un día donde vida fundióse
tuvo en sus oquedades?
Si objeto es inerme que no vibra,
¿a qué su pesadumbre de montaña?

La llana palma mesetaria es larga.
Quien pensare en la anchura,
yace angosto.
¿Cumples tal vez de cripta, piedra sola?;
o eres cobijo de escorpión punzante.

26

DONDE EL SUEÑO ENVEJECE

326

Donde el sueño envejece, pues contempla
que lo soñado se perdió,
y no hay recinto donde
guardar el ánima,
si esa desolación contempla muda
como estepa lunar de la memoria
que no tendrá más fruto que la muerte,
¿qué hará allá en su Estigia
de mapa yermo y lodazal umbrío?

Rozó sus dedos sobre la ventana
y abrió; abrió en par,

para que el aire
comulgante le fuera.
                    Ojos asoma
y nada le fustiga.
                    No es calle.
Ahora quisiera aquel feroz estrépito,
el látigo del trueno desolando las bóvedas
o la cruel carcajada.
                    Mas es silencio el mundo
donde carne aterida se arrastra en las alcobas
y allí queda incorrupta, pues ya es nada
que en el légamo imprima su huella en piedra yerta.

27

327   CAUTIVERIO

        Donde el yacer no acaba,
empieza el tiempo.
Hoja vencida del otoño,
en el mantillo queda,
No de alfombra a quien pasa,
sino de oculta savia.
Emergerá en el álamo
y en sus limpios cristales.
Más tarde,
un pájaro se ahueca.

        Armonía de la muerte.
Piel vestida,
estambres surtidores a lo alto.
En lunares posadas del cobijo,
zodiacos silentes.

        Mas escucha el son
del remo en el estanque:
curvo y cerrado cautiverio.

28

328   ACCIDENTE

I

La cara taciturna, la mordida
mejilla, el pensamiento agraz,
el lavapiés por linfas bajo el río;
peces los ya cautivos en la cesta
donde se comba el mimbre;
la pedrada en la sien.
                        Qué montería
pasa lejana en su clamor.
Qué asedio.
            Es cruel la realidad,
cóbrase deudos.
Vence quien hiende altivo
esa caña altanera
bajo una piel.
Refúgiome en la cal,
se vence el cortinaje.
Ya lo oscuro preside esta oquedad cerrada.
Dase al amor ignoto aunque nunca le viera.

II

Aunque no viera, sé luz que arpegia.
Címbalo suene.
La claridad ahóndase en los ojos:
se ve lo que se siente.
¿Mas qué color su ámbito ilumina?
Sólo el soñado:
así la luz.

El ceño en gravedad,
el fiel sentido de la vista,
ve sólo lo que inventa.
Por ello el hombre es vario siendo uno.

29

329   VENCEDOR DEL HIPÓDROMO

De allá, de los hipódromos,
nos llega un belfo hirviente.
Párase vencedor y al trote obliga
a domeñar la yerba.

Invicto el alazán golpea en su júbilo
la oquedad bajo tierra donde queda
la guarda en soledad de huesos yertos.

30

330   SOBRE PIEDADES

En la piedad de los ángeles
nos queda el testamento.
Contemplan nuestro juego de bolos;
esferas volteadas sobre una pared.
Túmbase el ídolo al disparo cierto.

¡Cómo pasa veloz la tauromaquia!

¿Quién engañó en el trote?

Quien cabalga.

31

331   LLUVIA DE PURIFICACIÓN

Para la faz loable de tu lluvia
que en el sálmico canta,
un cuenco ofrezco.
                    Llénese el vaso
de esponjados racimos.
Contrito va el maíz por tal bautismo
bienhechor.

A yerba el mundo huele
cuando la pierna húndese y profana
los letargos agrícolas.

   ¡Oh mi penado! Más allá del agua
vas trasmutado en la ola que nos llega,
como mano caída
que entregara su savia y retrocede.
Y evade su poder, y vuelve luego
hasta el confín, al odre,
a la ortiguera del abismo
donde fuera pleamar en otras vidas.

   Eres ahora ungüento,
ternura así llovida,
musicada orfandad.
Oh tú, la fulgurante
lujuria de otros días.
Así lavas el rostro y sus presagios;
evádete en mudez,
y la pira consuma tu mortaja.

TERCER INTERLUDIO

32

332   EL PASO DE LAS NUBES

   Ese vigía que el heraldo aguarda
viniendo a su rescate,
avizorantes ojos al infinito otea
por si señal de polvo,
disparo del anuncio,
al fin su alcor despierta.

   Fuese contemplación tan larga vida
la espectadora calma;
silba por si los ecos se aperciben
o una vagante tórtola llegase
hasta su mano que extendida dona
el altramuz.
            Nadie anega el retiro
del que perdió memoria.
Se han de inventar
pasados.
         Dónde.
                 Allá.

   Serán los lienzos violetas de la tarde
que alguien nubes llamó
al naufragio que cruza;
como un temblor de almas por la nada,
arenales en tránsito.
Mientras custodios quedan del vacío
los cuerpos yertos que la araña envuelve.

33

333   CONTEMPLACIÓN DE LA NAVE

Los elegidos han puesto de hinojos
los antiguos pecados.
En solaz quedan.
                        Allá el cierzo cuaja
el lagrimal del frío.
Torva la rueda de la noche pasa
con sus astros insomnes.
Pardo el búho se agosta
y contempla lo oscuro.
¿Quién bate en el pantano a los ángeles rojos?
Oímos el silbar.
Escúchase el silencio de lo que mudo vuela,
una guirnalda quédase en las torres;
duerme lo humano.

Por esa piel que cubre la oración
del atónito,
pasa la majestad,
queda la súplica;
miren los cielos ya quienes profanan.

Descúbrese el celeste;
la luz bogante y plácida
detuvo el vuelo de los ojos.
Y con duraznos alfombróse el suelo.

34

334   EL DISCO DE PHAESTOS

A José Lupiáñez.

Mortales van, girantes al naufragio.
Escrito queda en Phaestos la hecatombe;
límpiese el corazón de aquellas brumas,
abreve en agua mansa quien medita
y propague los signos.

Vestal que el barro entorchas,
no ha tiempo a quien contempla;
tan sólo el porvenir lustra sus lábaros
y asciende en procesión por los cerrados
inmolando corderos.
                    Oh hermanos
los distantes; oh cánticos blasfemos,
¿quién los remeda?

    Pasó el torcaz ingrávido
y nadie le voló.
                    Fuera tal signo alado
cual pájaro maléfico. Sólo el reptil triunfa,
y allí en columnas repta y perpetúa
el cruel veneno de corrupta muerte.

    Un plato en espiral en Phaestos queda:
lenguas de fuego y peces son el tránsito
de ese enjuto erial que alberga un cuerpo
ya profundo.
De tal materia nunca brota oliva,
sino cántara seca, estéril cueva
por donde vaga aquél, ánima yerta,
que no miró los cielos y sus cábalas.

35

335   FIESTA DEL PERDÓN

> «Los que bailaban han ido todos a parar bajo
> el cerro...»
>
> T. S. ELIOT.

    En la fiesta hubo arrobos,
manos acariciantes, tanta ebriedad yacente,
el diamante colgando del lagrimal,
alcoholes bien añejos degustados,
el sexo en par, el seno del ultraje,
los charoles opacos,
y lo más triste:
el adagio sonando que nadie escuchar pudo.

Quien ahora contempla la asamblea
lúcido por el fresco que le cubre
las sienes tramontanas,
allí hace repaso de tal gloria
ya fenecida;
ni muerte aún, pues gloria siempre ha sido
la muerte vertical de quien murióse;
toma un brocado y oculta así los cuerpos,
abluciona las frentes, sólo por caridad.
Vuelve al fresco errabundo;
solo pasa,
desmenuza su pan para los pájaros
y túmbase en la orilla.

(Fuese la hora del crepusculario
cuando el cielo se abrió;
llegaron ángeles,
dejaron su señal en cal hirviente.)
Testigo solo fue del espectáculo.

INTERLUDIO FINAL

36

336   PÁRAMO DEL ÉXTASIS

Entre la multitud
hubo sonidos.
               Discurrían
como arpegios.
               Nadie
los escuchó.

En la gran soledad
donde el páramo es éxtasis,
aquél que en sueños yace,
oye el silencio.

37

337   SOBRE ESCRIBAS

Quien escribe las nuevas escrituras,
es mi generación.
No las del arrebato, y sí los justos.
Nunca el blasfemo, y sí el oferente.

Cómo deciros, huesos porticados,
que es otra melodía y sus emblemas
quien va donando los vergeles prietos
donde gotean racimos de uvas dulces.

38

338   ÁURA

Dame tu luz, candil, que alumbres sólo
porque mano sostiene así el pabilo;
llena el éter que envuelve el cuerpo burdo
del latido celeste que desciende;

espónjame en tu túnica,
arropa el viento frío del deseo
y dame comunión.

Veré así el paso del cortejo
jubilar.
        Las cansadas cariátides
dejarán por la tierra su sustento,
pues la piedra es ya vida si tú unges
con tu gota de cera iluminada
el pétreo corazón. ·

Así se llama, así, el conocimiento
de tu poder.
        Oh misterio
flotante; oh áura que nos nimba,
más nunca vista por los ojos nuestros
hechos de perdición, tal vez de pena.

39

339   LOS SIGNOS

Luego de estos viajes,
encontré la tabla de la adoración.
Allí los signos por mí solo entendidos,
el mensaje en el árbol; oh dedo macerado
que tu uña en la cera del cuarterón escribe
y dice:
¿A qué estupor persigues bajo el ala murciélaga
si el espasmo deviene sólo de ese aleteo?
¿A qué tanta iracundia
bajo el celeste hálito donde bóvedas giran?
¿A qué tanta invención del dardo alado
cuya diana es la ojiva de la virgen?
A qué.
        A qué el estrépito,
señor de los ejércitos,
si aquí es yermo el histrión;
tanto enemigo inútil,
silencio sobre el frío;
la nada en su oquedad;

la luna en sus ajuares tan estériles
donde lengua proclama
que anduvimos apátridas,
con la escudilla presta
para escanciar la sopa boba de las renuncias.

40

340   ALIMENTOS

¿Cómo encender el fuego aquí
donde atmósfera lenta,
o venero colgante
es granizo?

Si aquellos que se doran a la plana
planicie,
mirando el astro fijos
con lagrimal de oro sobre el párpado
frío portan en pecho, helado espasmo
sobre la enjuta boca que no atrévese
a hablar.
                A lo alto mirando
ven un dulce aposento para yacer.
Otros aires menean entre céfiros.
Así la tribu extática,
a las luces señalan
y éstas descendidas
llueven maná, oh pétalos de azúcar,
por la boca sedienta.

Los alimentos fueron vagabundos,
colgados quedan de las cepas.
Quien acercóse hambriento y sació el alma,
nunca más menester del hambre hubo.

41

341   CÁBALA

La Cábala nos dice,
que si en fantasmas andas,
lo serás.

La caridad nos siembre.
La caridad
arrope la ceniza del cuitado;
su cóncavo tañido,
su lapidado corazón.

Ha volado el azor frente a los ojos
portando presa.
Pasó flotante túnica más tarde
del iniciado;
la misma estela pura
fue la senda.

Pasaron.
          Nada queda.

En negación se alza la espesura.
Puéblase sólo si el silencio es música.

42

342   TRÁNSITO

Absténganse del llanto cuando muera
el cuerpo denso,
no ha de morir jamás en el letargo.
Si yerto queda el ojo,
verá otras praderas en el cuévano
de tanta soledad.
Nunca es dolor el tránsito,
sino júbilo eterno en el Profundo.
Compartirá sus frutos en la tal asamblea
donde los cereales cubren albos manteles
y allí será custodia tanto anhelo.

Contemplará su tierra en la quimera;
las vaguadas por donde anduvo un río
necesario
que ahora bebe en su sed,
que porta en brazos,
como tributo a la heredad sedienta.

43

343   ASCENSIÓN

       Los ojos que se cubren al asombro
  de la contemplación
  y el mundo observan,
  agua es donde vagan
  las mercedes, el iris de las sombras,
  ese algibe apresado de la vista
  que llora amarga savia
  cual si plácido fuera por la sed.

       Mirador del silencio,
  acércate a este ciego
  contemplar.
  Antorchas cual mazorcas
  poned sobre las córneas del ciego
  que no es aquel que ignora,
  sino quien viendo el pájaro,
  no sigue el estertor que alado bate.

       Calienta el maderal el plumón leve;
  albergue fuera la gavilla trenza,
  la almajara hedionda.
                         De allí eleva
  el ansia sus eclipses.
  Y torvo espacio es
  si no es feliz mirada
  la bogante ascensión de aquél que vuela.

                         y 44

y 344   TABLAS LUNARES

   Como en los estuarios el agua remansada
  yace agostada de ser mar,
  y su plana inocencia de soles y galernas
  al fin descansa,
  pues letargo es la dársena donde yace el albatros
  de tanta cacería,

así miro mi tierra rodando viajera,
inmolándose siempre
en pascuales corderos sobre la pira extinta.

   No morirá el rastrojo de mi piel en el juicio
pues bien muerto me sé,
si ya distante miro aquel renacimiento
en que aprisa viví, fuime evadido.
Para que así en la nada de los otros,
albergue esta mi casa con las tablas lunares.

SELECCIONES AUSTRAL

TÍTULOS PUBLICADOS